改訂版

知っているときっと役に立つ

体育の話36

橋本名正・舟橋明男著

黎明書房

はじめに

先生方は、生徒から水泳の授業中に「なぜ私は浮かないのでしょうか」と質問されて返答につまったとか、もっとこの部分を科学的に説明できたらなあと思ったことはありませんか。専門書を読みつないでいっても求めていることの説明がなく、なんとなくもどかしさを感じながら授業にのぞんだ経験はありませんか。

この本はそんな先生方のために少しでも役立ちたいと思い、書いたものです。先生方に授業の中で生徒に話していただいて、保健体育への関心や興味を高め、学習への意欲が出てくるように利用していただきたいと願って書いています。

近年、科学技術の発達に伴ってかなりの「神秘」が解き明かされてきましたが、人間のからだは複雑な仕組みになっていて、まだまだ知られていないことがたくさんあります。しかし、わかっている範囲の中で、特に運動とかかわっている内容を、わかりやすく解説する本が必要だと思います。その運動をすることでからだのどこがどうなるのか、また、各人それぞれのからだにはどういう運動が必要なのかなどを知る場として、体育の授業が一人ひとりの生活に役立つものであってほしいと願っています。

私達の長い体育の教師生活を振り返ってみますと、体育の授業というものが残念ながら表面的な技術の伝達指導に終始してきたようで、反省されます。その自分の反省をこめながら、次の新しい時代の保健体育を創造するために書き始めました。「からだと運動の関係」に重点をおいて、できるだけわかりやすく説明するようにつとめました。健康が一人ひとりのものであるように、運動も生徒一人ひとりのものでなければなりません。発育期にある生徒のみなさんや、体育の指導者の方々にとって、この本が少しでもお役に立てば幸せに思います。

最後に、この本の出版にあたって、鳴門教育大学山本貞美名誉教授の御指導に厚く御礼申し上げます。また、改訂版の出版に対して、黎明書房の武馬久仁裕社長には深く感謝いたします。

二〇〇四年、体育の日を前にして

橋本名正・舟橋明男

もくじ

Ⅱ 水と運動

Ⅰ 運動するのに役に立つ知識

1　一日に歩ける距離を競争したら、女性の方が強い

―男は女からつくられたもの―

古代ギリシアで開かれたオリンピックでは、女性の参加が認められなかったそうです。その制限は厳しく、競技するどころか、母親が息子の競技姿をみることもできなかったといいます。

現在では、女性によるスポーツへの参加が男性に劣らず盛んになってきました。参加数も増えてきましたが、記録の面でも伸び率は男性をうわまっています。最新のオリンピックでの女性の記録と男性の記録とを比較してみますと、一〇〇メートル走のタイムをみても、走り高跳《と》びの高さをみても、男性の方が女性よりも確かにまさっているように思えます。しかし、それをオリンピックごとの時間経過で追ってみますと、当初、女性と男性との記録の差が大変開いていたにもかかわらず、最近では女性が男性に非常に近づいてきた種目も多くみられます。時

間が長くかかる競技、たとえば、長距離を走るマラソンのようなものも現在ではまだ大きく開いていますが、じょじょに接近していく傾向のようです。

これらの差が生じた理由は、女と男という性の違いだけではなさそうです。

一つは、スポーツをする女の人が少なかった時には、女性の限界がどこかがわからなかったということがあると思います。しだいに多くの人が参加するようになってくると、その限界がわかってきて、それにつれて記録が伸びてきました。女と男の能力にあまり差がみられないようになってくるのは当然のことだと思います。

また、種目の偏りも理由の一つです。現在のスポーツの種目をつくったり、選択したりしてきたのは、男性でしたから、男性向きの種目が残っているわけです。今後は、女性による、女性のための種目がつくられていくと予想しています。

たとえば、現在のマラソンの四二・一九五キロメートルという距離は、今や速いスピードで走り切れる距離です。ですから、一〇〇キロメートル、二〇〇キロメートルというウルトラ・マラソンが行われるようになりました。この競技がもっと一般的になれば、あまり男性とか、女性とかは区別されなくなると思われます。

人が生まれてくる過程をみてみますと、最初は、全部女の子から始まります。そのあとに、女の子と男の子に分かれるのです。みなさんは、女の子か男の子かは卵子と精子が出会った時に決まっているのだ、と習っていると思います。それはそれでまちがいではありません。細胞の中に染色体というのがあって、その中の性染色体にはXとYがあって、Yの染色体が一つでも入ると、男性になっていくというわけです。ですから精子と卵子が出会った時に、XとXであれば女性、XとYであれば男性になっていくことにはまちがいありません。

そこをもう少しくわしくみていきますと、たとえYの染色体を持っていても、その精子と出会った卵子——すなわち、受精卵が内部で二つから四つへ、四つから八つへと分かれて、しだいに大きくなっていく途中で、男性になるためのある物質（ホルモン）のシャワーを浴びないと、男になってはいかないことがわかってきました。

実際は、Yを持っている人はまちがいなく男性になっていくわけですが、もし何かの理由でその物質にふれないとなると、Yを持っていても、そのまま成長して、女の子のからだになっていく性質を持っているのです。そのようなことから、男性のからだは女がもとで、そこから男のからだに少しずつ改造されていったといえるかもしれません。

男の私からみますと、改造されたのであって、決して改良されたとは思わない点がたくさんあります。たとえば、改造の途中で男に赤ちゃんを産《う》むための妊娠をする力をすっかり失わせてしまいましたし、そのために乳首はあっても乳房が発達しなかったので、赤ちゃんにお乳をあげることができません。これなども改造する途中でうまくいかなかった点です。

さらに、女と男とで違うところとして、筋肉がありますね。男の子の筋肉は4の「筋肉はヒゲといっしょに発達する」（二九頁）のところで書くように、中学生の頃から、急に太く強くなります。この男らしいといわれる筋肉を、もりもりとつけるのは男性ホルモンといわれる物質なのですが、それも、女性のホルモンからちょっと変えてつくられました。性器を発達させ、そして体毛も黒く太い毛が生えるように、今もからだの中で働いています。

人間のからだは、女子がもとで、男性はその改造品だとすると、いろいろな能力を比較する上でも、女性の身体機能や能力を一〇〇にして、それに対して男性がどうかというように考えた方がよさそうです。

特に女性の卵巣からは、女性のホルモンを出しているわけですが、これは、二種類のホルモンを出しており、しかもそれが変化に富んでいて、その変化の間にバランスがとれています。多分、女性が長生きなのはこのうちの卵胞ホルモン（別名「女性ホルモン」）のためではないかといわれているぐらいです。このホルモンは長い時間をかけて力を出すことを得意としています。

男性ホルモンは短い時間に力を出すことを得意としています。ですから、ウルトラ・マラソンの大会が積み重なれば、その記録は、女性の方が男性を追いぬいて、速くなる可能性がないわけではありません。

現在のオリンピックや世界大会では、女性の中に男性がまじっていないことを確かめるために、セックス・チェックを実施しています。そんなことも不必要になる種目が今に生まれてくるでしょう。すなわち、男女別々の種目ではなくて、性別に関係なく、だれでもが出られるスポーツが新しくつくられることでしょう。

ここではスポーツばかりをとり上げて、スポーツ・ウーマン（ばかりではなくスポーツ・ウーマンもいるわけですから、スポーツ・パーソンという新語を創った方がいいのでしょうか）の能力を比較しましたが、一般人の能力では、男女の差はスポーツ選手の記録の場合ほど大きくはないのです。

たとえば、もし一般人が一日に歩いた距離で競争するとしたら、たぶん女性の方が強いという結果になるのではないでしょうか。

ロシアの民話だったと記憶しています。王様から、ごほうびに、一日かけて四角く歩いて、その囲んだ土地をお前にやろうといわれて、男の人が歩いた話を読んだことがありますが、もし歩いたのが女の人であったならば、もっとたくさん歩いて、もっと広い面積の土地がもらえたのではないかと思います。

世界最高峰エベレストも、女性で初めて頂上に立ったのは日本人ですが、その記録などを読んでみますと、これからますますその方面での女性の活躍が期待されるような気がします。

結局、女と男の能力はあまりかわらないのです。少しでも差のあるところをみつけようと、細かく比較しますと、少しずつ能力の高いところが、おたがいにあるという程度でしょう。決して女の人がすべての面で劣っているということではないわけです。

2 エベレストに登れても、海の最深部には潜れない

―ヒトは適応能力で生きている―

現在（二〇〇四年夏）のところ、エベレストの頂上には世界中で約二三〇〇名の人が登っています。初めてイギリスの隊が一九五三年に登ったあとの三〇年間には約二〇〇名、その後の一〇年間には約四〇〇名の人が頂上に立ちました。そして、これからは毎年三〇〇名以上の人が登頂するでしょう。

最初の頃は、頂上近くになると、酸素の入ったボンベを背中にかついで、そこからマスクに酸素を送って、それを吸いながら頂上に立っていました。中には、ボンベが重いので、頂上へ行く時はテントにおいて、夜ねむる時だけ、酸素を吸っている隊もありました。

ところが、このような人工的な酸素を使わないで、大気だけを吸って頂上まで登った人が出てきました。科学者は最初、酸素なしでは登れないだろうと予想していましたが、とうとう酸素を使わずに登る人が出てきたわけです。けれども最近では酸素を使うのが普通になってきま

した。大衆化してきたからです。
　エベレストに登るのは気圧と酸素との闘いです。平地の一気圧から、高く登るにつれてじょじょに気圧が下がっていきます。気圧が低くなると、それだけ空気の中にある酸素の濃さが薄くなってきます。すると、からだが平地と同じだけの酸素を取り込むためには、吸い込む空気の量を多くしなければなりません。五〇〇〇メートルも登れば、二倍にしなければならないのです。でも大丈夫です。普通一回の呼吸では、すわっていれば五〇〇ミリリットルでいいのですが、深い呼吸ではその四倍から六倍の量を吸い込めますから、二倍程度ではそれほど問題にならないのです。しかし、登るという運動をするわけですから、五〇〇

ミリリットルの三倍の量が必要になり、薄さをカバーするために六倍必要になり、しだいに酸素不足になってくることにはまちがいありません。

高いところに登ると、この他にもいろいろな影響が出てきますが、人のからだは平地とは異なった状態におかれても、しだいにそのまわりの状況に適応するようになります。ですから、高山に登って酸素の圧力が減ってきても、エベレストぐらいの高さでは人工の酸素なしで、からだの適応能力だけで登れる人がいるわけです。

現在、人類が住んでいるところをみてみましょう。

たとえば、メキシコの首都であるメキシコ・シティーは約二二四〇メートルの高さにあります。大きな池をうめたてて、その上に今の都市を築いたという話です。そこではオリンピックも開かれました。二〇〇〇メートル程度では日常生活をしている限り、あまり大きな変化には本人も気がつきませんが、スポーツでは大問題でした。スポーツでは限界一杯まで力を出しきってプレーをしていますから、酸素の濃さが少し薄くなっても影響が大きいのです。

スポーツではげしく筋肉を動かすために酸素をたくさん必要とします。それにはまず、肺に入れる空気、すなわち呼吸量を増やさなければなりません。酸素の濃さが平地より薄いのですから、平地でスポーツをしていても限度一杯の呼吸量を肺に入れているのに、さらに増やすことは無理な相談です。呼吸量が減っているとすれば、そこからとれる酸素の量はどうしても少なくなってしまいます。酸素の量で出せるエネルギーは決まってしまいますから（一リットルにつき五カロリー）、どうしてもスポーツの記録が悪くなるのです。

みなさんは世界の国々の首都の中で、世界一高いところにあるのはどこか知っていますか。世界地図で調べてみてください。世界一高い山エベレストのあるネパールのカトマンズ？　いやいや違います。カトマンズは一二三四八メートルの高さです。世界一高いところにある首都は、南米大陸にあるボリビアという国のラパスで、約四〇〇〇メートルの高さにあります。富士山よりも高いところに多くの人が住んでいるのです。私はここに半年間住んでいました。山好きの私には、毎日、アンデスの雪山をながめながらの生活は、高さばかりでなく、気分も最高でした。私は山がよくみえるように少しでも高いところに部屋をさがして住んでいました。ところが土地の人々は一メートルでも低いところに住みたいと思い、土地の値段も山手より、山の下の方が高いということでした。お金持ちほど谷底の低い方に住んでいます。

ラパスの空港の通路には「ゆっくりと歩いてください」と掲示が出ていましたし、ホテルには酸素ボンベが用意されていると聞きました。

そのような高さで生活し始めた頃です。真夜中にふと気がつきますと、大きく息を吸い込んでいることがありました。酸素不足で、ため息をつくような呼吸で目がさめたのです。これは酸素をできるだけたくさんとろうとして深い呼吸の状態になり、空気をたくさん肺へ送り込んでいる現象です。これらは無意識にしている反応なのです。

このようにからだは少しずつその時にいる場所の高さに合わせるように、働きをかえていくのですが、それがうまくできないと山に酔うとか、高山病とかいわれる病気になります。頭痛がしたり、はきけがしたりするようになります。何しろ富士山より高いところなんですから。

こんどは、話をかえて、海に潜る時はどうなるのか、考えてみましょう。海の深いところは、エベレストを上下逆にしたよりも深くて、まだ全部はわかっていないのですが、一〇〇〇〇メートルをこえているところがあることはまちがいありません。一〇〇〇〇メートルも潜れるのでしょうか。

海面は一気圧で、それから一〇メートル潜ると二気圧になります。それからは一〇メートルごとに一気圧ずつ増えていくわけです。一気圧の空気を送ってもらうだけの素潜りでは、一〇気圧になる深さ九〇メートルまで潜ることはたぶんむずかしいと思います。なぜかといいますと、平地の時は空気の中でからだにとり込むのは酸素だけです。血液の中のヘモグロビンという物質が酸素と結びついて全身に送るわけです。潜水中でもポンプで平地の空気を送ってもらいますから酸素は十分です。ところが、潜水中は空気の七〇パーセント以上をしめているチッ素という物資も血液の中にどんどん溶け込むのです。気圧が高くなればなるほど、ますます多く溶け込みます。しかし限度があります。それが一〇気圧のところです。

さらに、まわりの水がからだを圧迫してきます。一〇メートルの水中では、からだにかかる力が平地の二倍なのです。深くなれば、どこかで押しつぶされてしまいます。その限度も一〇気圧ぐらいまでです。からだの方が水中の状態に合わせて適応していってくれるといいのですが、それは無理なようです。

あとは一気圧に近い状態を保って、からだのまわりの圧力がかからないで、押しつぶされないようにつくった潜水船の中でしか潜れないように思われます。日本の誇る「しんかい6500」では六八〇気圧まで潜れます。

山では八八四八メートルのエベレストに人工的な酸素なしで、からだの適応だけで登れるというのに、海ではたった一〇〇メートルも潜れないとは、なさけないことです。

最後に、地下に穴を掘って入っていったらどうなるでしょうか。地下一〇〇メートルぐらい降りたらどうなるのでしょうか。モスクワの地下鉄は、地下一〇〇メートルのところを走っているのだと聞きました。それをヒントに一度考えてみてください。

3

冷水プールで、男はふるえ、女が平気なのはなぜ

—脂肪は服の役目もするよ—

私（舟橋）は少年時代、田舎に住んでいましたから、梅雨の明けるのを待ちきれず、よく川や琵琶湖へ泳ぎにいきました。梅雨どきの水はまだ冷たいのに、子供達同士で誘いあわせてでかけたものです。自宅でこっそり水泳パンツにはきかえ、近くの川や用水池に走っていくのが楽しみでした。六月のまだ肌寒い日が続いているのに、川藻のたくさん生えた近くの川で、日が暮れるまで遊んだものでした。

その頃の親は、子供が学校から帰ってくればすぐにでも家の手伝いをさせようと待ちかまえていましたから、そこは上手に親の目を盗んで、泳ぎにいったのです。水は冷たく、流れもあるところですから、そんなに長く泳いでいるわけにはいきません。対岸に泳ぎ渡ってしばらくはふるえて、あたたまるとまた対岸にもどるというふうに、とうてい連続しては水の中に入っ

ておれないくらいでした。いったんからだが乾いてしまうと、冷たい思いをするのがいやで、背中をまるめて少しでも陽のあたるところに陣取っていました。水泳で鬼ごっこをしても岸のかけっこになってしまうこともありました。

時には、よい天気だったのに急に黒い雲が押しよせて、大粒のにわか雨を降らせることがありました。やせた小さなからだにはその雨粒が痛いほどで、みなはあわてて水に飛び込み、頭だけ雨に打たせながら、水面にあたった雨粒のはね返りをここちよく感じてやりすごしていたことも思い出されます。

そんな時は岸に上がればかえって寒く、水の中の方があたたかいという現象が起こったほどです。みなさんも水泳の始まった最初の頃は、ずいぶん冷たいと感じるはずです。確かに水温も気温も低いのですが、何よりもからだが水になれていないのです。水温が摂氏二六度といっても体温が三六度もありますから、約一〇度の温度の違いがあります。それでは冷たいはずです。

この温度差は脳に伝えられて、脳から指令を出すことになります。熱は、高い方から低い方に移りますから、からだの熱はプールの水の方へ動いていきます。すなわち、からだから熱が奪われてプールの水の方に移るわけです。二つが同じ温度になればその動きも止まりますが、私達の体温はあまり変わらないようにできていますから、体温が急激に下がるということはまずありません。下がるのは水と接している皮膚《ひふ》の温度です。

皮膚の近くには細い動脈血管がたくさん来ています。その血管の壁は筋肉でできています。ですから縮むこともゆるむこともできるわけです。縮めば血管は細くなり、ゆるめば太くなります。

皮膚が冷たい水に出会いますと、それはまず脳に伝えられ、脳はこれは大変だ、からだの熱を奪われてしまうと判断して、まず皮膚の近くの細い血管を縮めて、さらに細い血管にしてしまいます。すると血管の中を血液が通りにくくなり、今までのように血液をたくさん流せません。

血液は酸素を運んだり、栄養素を運んだりするだけではありません。熱も運んでいるわけです。幸い私達のからだは、つくった熱の七〇パーセントは捨てなければならず、その捨て方は皮膚から捨てるのがほとんどなのです。捨てる時には皮膚の血管を大きく広げて、あたたかい血液をたくさん流し、それを冷やすことによって、熱を外へ捨てていきます。

ところが冷たいものに出会いますと、血管は縮んで血液の通るところがせまくなります。すると通る血液が少ないのであまり熱をとられなくてすむ結果になりますし、からだを守るためには、好都合なわけです。それでは、もっと冷たい空気に接するとどのようになるのでしょう。

みなさんは鳥肌が立った経験があるでしょう。よくみると、からだの毛は日頃横になっているのに、その時にはまっすぐになるまで立ち上がっています。毛の根元が持ち上がって、皮膚がスープ皿をならべたようになります。皿の中には空気がたまり、動かないので熱が逃げにくくなるのです。

これらのことは女でも男でもかわりがありません。しかし、女と男の違いの一つである、皮膚の下にある脂肪の厚さの違いが関係して、水温の感じ方が違ってきます。男の子より女の子の方が皮下脂肪は厚いのが普通です。皮下脂肪は、皮膚と筋肉の間にあり、それがからだのまるくやわらかい感じを私達に与えています。

この皮下脂肪が男より女の方が厚いといいましたが、これはどうもホルモンの違いによるようです。脂肪には冷えにくくあたたまりにくいという性質があります。冷たい水にからだを入れますと、水が皮膚を冷やします。その皮膚の下には脂肪があるわけです。その脂肪は冷たくなりにくい性質を持っていますから、これが厚いほど冷たい水の感覚がからだの中心にやってきにくいわけです。

脂肪の厚さの薄い人はじょじょに脂肪が冷えて、その内側にある筋肉も冷えるようになってきます。

このことはあたたまる時には反対になります。脂肪の厚さが薄い人ほどあたたまりやすくなりますし、厚い人ほどあたたまりにくくなるわけで、それが女と男の違いとして影響してきます。男は皮下脂肪が薄いものですから、水の中にいるにしたがって水の温度の影響を受けて冷えてきます。そして脂肪を通して筋肉が冷え始めますと身ぶるいが起こってきます。ブルルンとからだがふるえたことをだれでも経験しているでしょう。これは自分の意思で止めるわけにはいきません。脳の中の意識の部屋を通らないで起こっている現象だからです。

これは、からだが冷たさの知らせによって、筋肉をふるわせているのです。ブルルンとふるえると筋肉で熱がつくられます。その熱を血液に乗せて冷たくなったところへ送って、あたためようとします。このように冷たさなどの影響が脂肪の厚さで決まってくるわけです。

脂肪の働きは熱を伝えにくくすることだけではありません。脂肪は大きな燃料庫なのです。昔、山で遭難した人が一〇日ぶりで発見されたことがありました。遭難したのは男女一人ずつだったのですが、一〇日ぶりにみつかった時には女の人しか生きていませんでした。男の人は五、六日目で動かなくなっていたそうです。その日に帰るつもりで出かけていますから、食べ物も持っていません。一〇日間はほとんど水を飲んでいただけだそうです。

そのように食べ物のない時、私達のからだはどうするのでしょうか。まずは自分達のからだの中へ貯えていたエネルギーのもとを使うのが普通です。からだの中の糖分を貯えるところや脂肪を貯えているところがあります。その中で、脂肪は同じ量なら、最も多いエネルギーの持ち主ですから、遭難した人は貯めた脂肪を少しずつ燃やしながら生きながらえていたわけです。男の人も脂肪を使ったのでしょうが、来た道をさがそうと動きまわったために、脂肪を使いすぎたようでした。最初から、足をくじいてあまり動かずじっとしていた女の人は、自分の脂肪をからだの中で燃やしながらじっと救助隊が来るのを待っていたので、生きて助け出されました。

飲み水さえあれば、普通の人でも一〇日ぐらいは、何も食べずに生きていられるということを、この例は示してくれました。遭難があっては困りますが、脂肪が意外な働きを持っていることをわからせてくれたニュースでした。

冷たい水のプールに入るとまずやせっぽちの男の子が、すなわち脂肪の少ない男の子がふるえ始め、そのそばで、女の子はもっともっと泳ごうと平気な顔をしているのは、そういった理由からなのです。

4 筋肉はヒゲといっしょに発達する

―ヒゲが生え出すまでは長打をねらうな―

小学校のグラウンドのそばを通りますと、日曜日でも熱心に野球の練習をしている場面に出会います。少年野球の人達でしょう。そろいのユニフォームを着て、大人の指導者のもとに、きびきびと動いているのをみるのは気持ちのよいものです。礼儀正しく、そして一つのことに集中して打ち込んで努力をしている姿はなんといっても美しいものです。

立ちどまって、野球の練習を少しみてみましょう。ちょうど今、バッティングの練習が始まったところです。コントロールのよいピッチャーがマウンドから投げ降ろしてくるボールを、バッターはタイミングよく合わせて、内野へ外野へと打っています。

よくみますと、まだ小学生ですから腕はあまり太くありません。からだの厚さをつくる胸の筋肉もついていませんし、腰には強い筋肉が集まっているのですが、これもあまり発達してい

ません。

ところで、そのような人達が時々訴える痛みがあります。それは肘《ひじ》の痛みなのです。少し前には長打が打てていたのに、このごろ全然打つことができない、ちょっと肘が痛いので、それが原因ではないだろうか、と心配になって私のところへ相談に来られたりします。

打者はできるだけ遠くへ強く飛ばそうと思っているのですが、それを小学生の時代にねらっていいものでしょうか。また、ピッチャーはできるだけ速い球を投げて相手に打たせないようにしたり、変化球を投げて三振に打ちとろうとするのを目的にしていいのでしょうか。

どうも長打型、速球型、変化球型の人に、肘の痛みが多いようです。私達のからだは発育しているといっても、いつも均等に発育しているわけでありません。頭の中の神経の配線は三歳くらいまでが最もよく整備され、それからゆっくりと残りが整備されます。いわば幼稚園までは神経の配線をつくるのによい時期なのです。もうみなさんの年になってはつくりたくてもできないのです。

それでは、小学生の時期には何が発達するのでしょうか。それは、バランスとかタイミングとかいわれるものです。これらは、神経の配線を使ってできるようになります。ですから、ピッチャーはボールの速度は速くないけれども、コントロールは大変よいという時代なのです。打者は遠距離へは飛ばせませんが、タイミングよくバットの芯《しん》で打ち、内野や外野に飛ばすことができる年齢です。

しかし、みなさんはホームランが打ちたいと思い、ピッチャーは連投、連投してもよいから勝ちたいと思っているでしょう。長打を打つためには大きな力が必要です。バットを思いきり速く振るということができないと、ボールは遠くへ飛びません。速く振るためには筋肉がしっかりとできていないといけないわけです。ふらついたりしてもいけません。ですから長打を打つためには筋肉がついてこないといけないわけです。

それでは筋肉はいつつくのでしょうか。それは男性ホルモンと呼ばれるホルモン（内分泌《ないぶんぴつ》）

がこう丸から出てくるようになれば、そろそろ筋肉をきたえてもよいというサインなのです。しかし、男性ホルモンの姿が目にみえるわけではありませんから、実際には口のまわりのうぶ毛が硬い黒い毛に変化し始めた時に、そろそろ男性ホルモンが出てきたなと推測するわけです。

男性ホルモンだけが血液の中に流れていれば筋肉は大きく強くなるのでしょうか。そうではありません。あと二つの条件がいるのです。

一つは、食べ物の中のたんぱく質が必要です。たんぱく質は二〇種類のアミノ酸でできています。お肉の中に含まれているアミノ酸と、魚や卵、牛乳、豆などに含まれているアミノ酸はそれぞれに違いますから、バランスよく食べて、いろいろなアミノ酸を血液に入れて、肝《かん》臓《ぞう》に貯えておくことが重要です。

もう一つ。そのたんぱく質が筋肉に入るためには、力が加わらないといけないのです。腕を曲げたり伸ばしたりするなどの動きによって、血液の中のたんぱく質を男性ホルモンが筋肉へ運んでくれるわけです。

このようにみてきますと、筋肉の発達は男性ホルモンとたんぱく質と力の三つによって左右されていることがわかると思います。そうなると女の人は心配していませんか。私は女性だから、男性ホルモンがない。だから、筋肉は発達しない、と。それは心配無用です。女性は副じんというところから、男性ホルモンに似たホルモンが少し出ているのです。その働きで生活に必要な筋肉は十分に発達してきます。確かに、男性のように、筋肉がモリモリと盛り上がるようなことはありませんが。

強い力のいるスポーツができるほどには、まだ筋肉の方が発達していないのに、その筋肉を使い過ぎるとどうなるのでしょうか。筋肉そのものが充分に発達せず、筋肉に無理をさせて、痛めてしまうことになるわけです。それが肘や膝《ひざ》の痛みとして感じられます。それをほうっておきますと、野球の好きな人が、プロの選手になりたいと思ってもあきらめなければならないでしょう。ですから、少年野球の人達が最も注意しなければならないのは、肘の痛みです。初期には、練習の後半になってきて感じる肘の痛みです。その時に適切な処置をすればすぐによくなります。スポーツに理解のある整形外科のお医者さんに行きましょう。それをほうっておいて、練習を続けていると、症状が進行してきて、練習を始めたら、すぐに痛みを感じるようになります。この肘の痛みの原因は骨を関節のところで曲げたり、伸ばしたりする両側の筋肉の発達のバランスの悪さです。そして、その筋肉で無理に引っ張られるために骨にも形の変化がみられるようになり、それが続くと、好きな野球をするたびに痛みを感じて、野球をやめてしまわなければならなくなります。

筋肉トレーニングはいずれ必要になります。そのタイミングはヒゲが生えだした時と考えておいてください。それまでは、ピッチャーはコントロールをよくすることがまず第一になります。そして筋肉ができてくれば速球を投げられるようになり、ほぼ身長の伸びが止まる頃、変化球に移ってもいいのではないでしょうか。打者も長打をねらわず、まずタイミングよくバットの芯《しん》にあてることに目標をおいた方がよいわけです。

この年齢のスポーツには根性やしごきはいりません。スポーツ・クラブで練習や試合をする時には、仲間といっしょにプレーをするのが楽しくて楽しくてたまらないという時間にしてください。もし肘が痛くなったら指導の先生や両親に話をして整形外科のある病院に連れていっていただきましょう。たとえ君がエースで、翌日試合があったとしても。

5　プールで広がる伝染病

―プール熱と結膜炎―

プールでの水泳の授業が始まりますと、養護教諭の先生は大変神経を遣《つか》っておられます。プールが始まる前にはいろいろな検査があります。プールが始まりますと、いろいろな病気が出てくる可能性があるからです。

一番多いのはプール熱と呼ばれる病気です。これは伝染していくので伝染病とか、感染症とか呼ばれています。プールが始まって四、五日目くらいから、生徒が保健室に来たり、担任に休むといってきます。その症状を注意深く聞いていますと、のどが痛い、あるいはへんとう腺がまっかになっている、頭痛がする、鼻汁が出る、熱がある、目が充血して赤くなったり、目やにが出てきたり、まぶしくなったり、あごの下のリンパが腫《は》れたりしている、などです。もし、そんな症状の人がいたら、まずプール熱をうたがいます。

これはもともとだれかがその伝染をする病気のもと（ウイルスと呼びます）を持っていて、その人といっしょに泳いだために四、五日して症状が出てくる人がいるのです。全員には出ませんが、出てくるのはのど、目、熱の症状が中心の病気です。これはプールでうつるものですから一度そのような症状が出た時には二週間ぐらいプールに入らないようにしますと、だいたいよくなっていきます。

水泳は健康にいいのですが、このように、かえってプールに入ったために起こる病気もあるわけです。目が赤くなっている人は、先生に申し出て見学をして、記録や計時の手伝いをしたらいいと思います。

同じような病気ですが、もう一つ同じ目の症状だけが強く出るものもあります。結膜炎というのがその病気の名前です。目がまっかに充血していたり、まぶたが腫れて重たかったり、目やにが多く出ます。耳の近くのリンパも腫れてきます。涙が出たり、まぶしかったり、鼻がぐずぐずいったりして、こちらはたいてい片方の目から始まって数日すれば両方になるという形が多いものです。プールでうつるのですが、お父さんやお母さんは、「はやり目」といっておられるかもしれません。

流行性の強いもので、養護教諭の先生も、結膜炎の目にふれた手は、流しっぱなしの水道水で、せっけんやブラシでていねいに洗って、アルコールでふいて、他の子供に感染させないようにしているぐらいです。

プールでの水泳は楽しいですが、プール熱やプールによる結膜炎（はやり目）の症状が出たら、少しがまんをして、症状がなくなってから泳ぎにいくことにしましょう。

⑥ お尻を洗ってプールに入ろう

―月経時も泳いでかまわない―

私達のからだの中できたないというところはありません。特に自分のからだをきたないと思ったことは、みなさんもないでしょう。指をけがすればすぐ口に入れて、きずから出ている血を止めることもしていると思います。流れてきた汗が口に入って、塩からい味を感じたこともあるでしょう。

しかし気分的にきたないと思っているものはたくさんあります。外から帰ってくると、今まではいていた靴はよごれていると感じています。特に靴の裏はきたないという感じを持っているでしょう。玄関でスリッパにはきかえると、「ああ、きれいになった」という気分になることでしょう。たとえスリッパがどんなによれよれになっていても、新品の下靴よりはきれいだと思っていると思います。

これは日本人などにみられる感覚で、こちらはきれい、あちらはきたないという区別をする感じです。ところが、これがヨーロッパの人やアメリカの人になると、靴はきたなくないのです。ですから、そのまま家の中に入って、どんな部屋でも靴のままで歩きまわります。食卓の上へでも靴をはいたままの足を上げます。ベッドの上でちょっと休むために寝ころんでも、靴をぬぐ人はあまりいません。それほど、靴はきれいなものという感じを持っています。パリの街路には犬のふんがずいぶん落ちていて、時々ふみつけているのを見るのですが、それでも靴は「きれいなもの」という観念ができているのです。

そんなふうに、その国の文化によって、美しいとか、きたないとかいう感じが違っているのは大変おもしろいと思います。つばなども日本の文化ではきたないという部類に入りますから、プールで泳いでいる時にも、つばはプールサイドの溝に吐き出して流しているでしょう。

おしっこなどはきたないというふうに思っていますが、それはからだから離れたらとたんにきたなくなるという見方をしています。そうでなければ、きたないものをからだの中においておくというのもおかしなことです。本当にきたないと思っておれば、たまればすぐにでも、出さないといけないという気持ちになったりするところですが、からだの中にある間は、きたないものだと思っていないのが普通だと思います。

それがいったんおしっことしてからだの外に出た時には、手もふれたくないという感じをみなさんが持つのは、考えてみれば大変不思議なことです。自分だけが使う便所でも、掃除はいやがっているでしょう。しかし、そのきたないという感覚も、それほど程度のひどいものではないだろうと思われるのは、プールに入っている時に、その中でおしっこをする人が何人もいるようだからです。本人ももちろんおしっこをしたあとで泳いだりしているわけですから、本当にきたないと思っていたらそんなことをするわけはありません。

幸い、おしっこの中には有害な菌などいないのが普通ですし、汗と同じだと思っておればよいのですが、もう一つに大便があります。大便もからだの中にある間はあまりきたないと思っていないのですが、いったん外へ出ると、とたんにきたないものの扱いにしてしまうのもおしっこと同じです。からだの中にあっても同じにおいがしているのですが、鼻に感じないというだけなのですけれども。大便の中には大腸菌など、伝染していく菌が多く含まれています。そこがおしっこと違う点です。

ですから、プールに入る時には、お尻をよく洗って入ってもらいたいものです。たいがいのプールはお尻を洗えるような水槽やシャワーを通らないと、プールサイドに行けない構造になっていると思います。それなのに、そこはじゃぶじゃぶと急いで通ってしまうだけではありませんか。

水槽がないところでもシャワーは必ずありますから、そのシャワーでお尻を洗ってください。水泳パンツを持ち上げて、よくシャワーの水をかけて、手でごしごしとこう門を洗ってから、プールに入ってください。

なぜお尻を洗うことを強調するかといいますと、みなさんは朝お便所に入って大便をしてくるでしょう。そして日本人の場合は紙でその出口のこう門をよくふいて始末をしているわけですが、これが本当はあまり上手にふけていないわけです。少しですがお尻に便がついているのです。これを全部上手に落とそうとしますと、湯が出てきてお尻を洗い、あったかい風が吹き出てきて乾かすという便器は大変いいわけです。あるいはすぐ風呂に入ったり、シャワーにかかったりすると流されてしまいます。もしお尻を洗わないでプールに入ると、プールの中でお尻を洗うことになってしまいます。

お尻をシャワーでよく洗ったつもりでも、やはり完全にはとれなくてお尻についていた便はプールの水で洗い流されてふわふわと浮いてきます。プールを使用している時はいつもプールの水を補給してオーバー・フローさせておけば、それらはサイドの溝へ流されてしまいます。みなさんが泳ぐことによって波がたち、表面近くの水をサイドへ流していっているのが今の一般的なプールだと思ってよいでしょう。

私は以前アフガニスタンに旅行したことがありますが、その時にむこうの人達は排便後の処置に決して紙を使いませんでした。私達の泊まる外国人用のホテルには紙も備えつけてありましたが、土地の人用に水の入ったポットがおいてあるのが普通でした。そのポットの水でお尻を上手に左手で洗い、後始末をするのだと聞きました。

今から思えば大変いい方法なのですが、その時の私達は、左手が大変きたないように感じたものでした。なるほど、アフガニスタンの人達は右手は素手で食べ物を扱う手、左手は素手では食物を扱わない手というふうに決めて、守っていました。このように右手と左手の役目をはっきりと分け、それをしつけとして、人々の間に定着させているのです。

プールの水はオーバー・フローさせておけば、出てきた汗も薄まりながら流れていきますし、こすれ落ちた髪の毛や皮膚も浄化槽でつかまえたり、あるいはろ過をしたりして取り除いたりすることができます。そのうえ塩素も入れて消毒をし、日光でも消毒をしていることになります。

このようにプールの水は、決して不潔なものではないわけです。少々、大腸菌がいても殺されてしまいます。

女子の人の中には月経時に泳ぐと月経の血がプールの水にまじるのではないかと心配する人がいるかもしれませんが、たとえ二〇人が月経中で一時間使ったとしても、まじる血液の比率はプールの水をくんだ中から顕微鏡でさがしてもみつけるのがむずかしいぐらいです。一人から出血する量は一時間に平均して一グラムです。この問題もオーバー・フローと浄化装置を動かしておれば、プールの水を汚しているのではないかと心配する必要はまずないと思ってください。

さらに、話のついでですが、月経時でも泳いでよいのです。なれない人は三日目から泳ぎ、なれてくれば、全期間泳げるようになるでしょう。月経時にも普通の生活をすることが大切です。

またまた、ついでですが、お風呂に入る前にも、お尻はよく洗って入るのですよ。これで、ほんとに、お尻の話はおしまいです。

7 潜水前の深呼吸はケイレンのもと
―深呼吸は三回まで―

私は今までに一度だけ、人の命を助けたことがあります。

それはこんな場面でした。生徒会が水泳大会をすることになって、競技の一つに潜水を組んでいました。その高等学校のプールは二五メートルで、何メートル潜水できるかを競うわけです。すべての種目は、点数化して、クラス対抗戦になっていました。

選手達は自信たっぷりのようにみえますし、一方ではいよいよ始まるという緊張感からか、大きく肩で息をしている者もいます。そして何度か深呼吸をして最後に大きく深呼吸をして飛び込んだ人がいました。

その時教師になって二年目だった私には、今から述べるような知識がなかったものですから、その深呼吸の危険性を知らせてやることができませんでした。

彼はさすがに練習していたとみえて、ぐんぐんプールの底を平泳ぎで潜っていきます。二五メートルは軽く折り返し、三〇メートル、四〇メートル、五〇メートルとついに一往復折り返しました。

選手の中には片道の二五メートルで頭を浮かせた人もおりましたし、一往復の五〇メートルのところできりがいいと思ったのでしょうか、そろそろと浮かんだ人もいます。しかし、彼だけは五〇メートルからさらに折り返して、五メートルの線を過ぎ、一〇メートルにさしかかっています。六〇メートルも潜ったわけです。しかしそろそろ苦しくなってきたのでしょう。口の息を静かにぶくぶく出しながらプールの底から水面近くに上がってきました。

その時でした。水泳部員がざぶんとプールサイドから飛び込みました。それと同時に同僚のM先生がプールサイドを走っていかれ、私もそれにつられてその近くへ走りよりました。私には何が起こったのか十分にわかっていませんでした。

潜水をしていた彼は水面に頭を出しましたが、そのまま再び沈んでいこうとしているのがみえました。その時点で、私はようやく事態が理解できたのでした。水泳部員が後ろから抱きかかえるようにして、あごに手のひらをおいて、プールサイドへ引っ張ってきました。大変頼もしく思ったことでした。

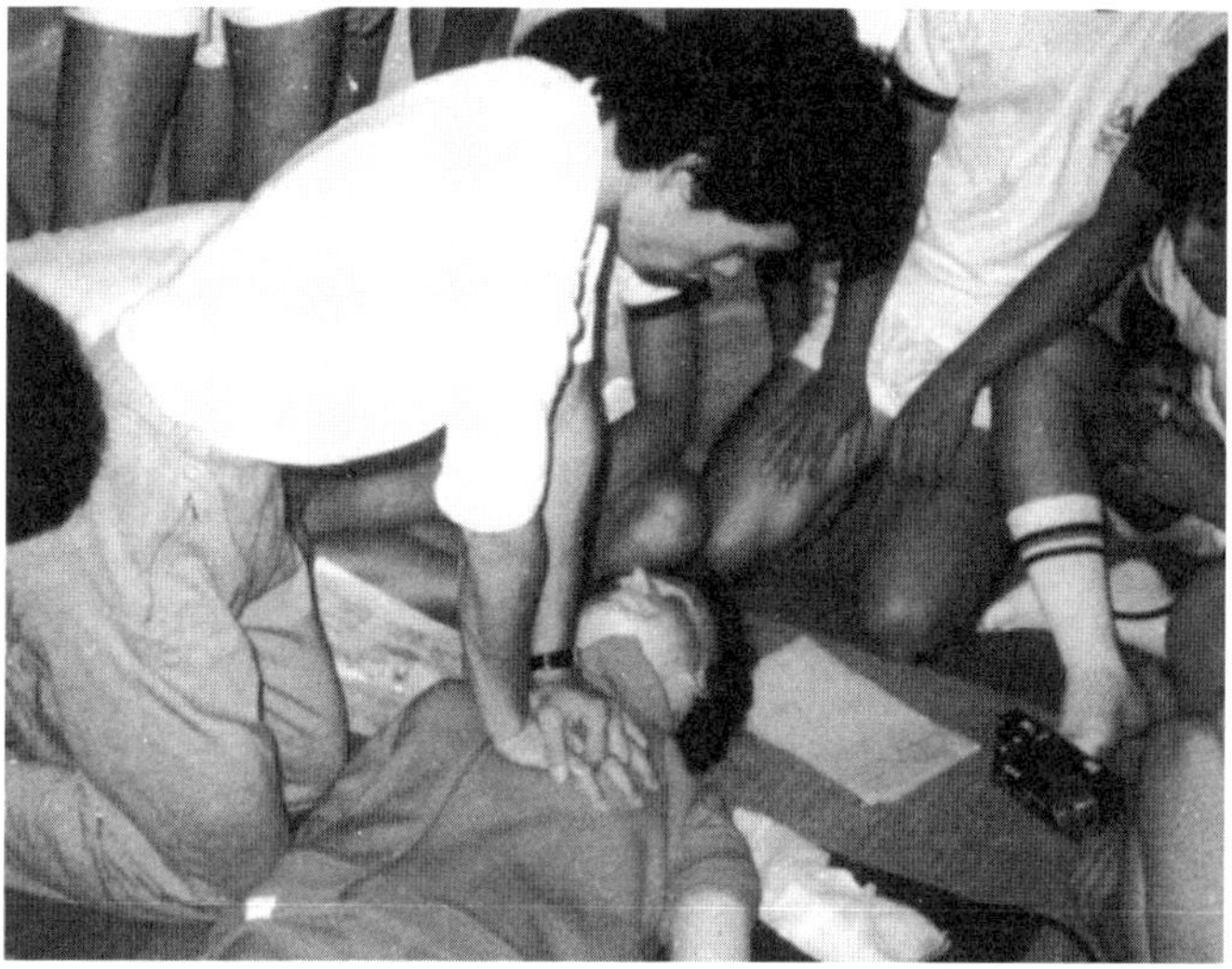

私はただちにかけよって息を一息吹き入れますし、M先生と部員達はからだを水面から引き上げています。一人ではとうていプールサイドへ持ち上げられないのです。からだもぬれていますし、水中から引き上げるとなると、何しろ重いのです。四人がかりです。養護の先生がテント内に用意してあった毛布を持って走ってこられるのがみえました。プールサイドに敷かれた毛布の上にようやく彼のからだを横たえることができました。級友たちはまわりを取り囲みました。

ただちに人工呼吸が始められました。脈は私がみていましたが、しっかりと打っています。M先生の落ち着いた、確実な数回の人工呼吸によって、胸が大きくふくらんだかと思うと、まもなく自分で呼吸ができるようになり、意識ももどってきました。

ほっとした気持ちが広がり、私達はその状態をただちに第二次の伝令を出してあっちこっちへ連絡したことでした。その時のM先生の落ち着いた態度が大変印象的であり、そして、水泳部員が保健体育の教師であった私よりも先に、異常に気がつき、飛び込んでいったことにも大変感心をしたものです。同時に自分の勉学の不十分さを痛感しました。

潜水をした彼がどうしてこのようになったのでしょうか。カギは彼が潜水の前に何度も何度も深呼吸をしていたことにありそうです。

だれしも一、二回は深呼吸をして潜るわけですから、あまり気にとめなかったのですが、彼の場合は何度もしていたことがあとになってわかりました。

深呼吸をすると、確かに酸素を肺の中にたくさん入れておくことはできるわけですし、その一部は、からだの中にとり込まれて、からだの中にも少しの酸素を余分に貯えることができるわけです。潜水は息をしないで筋肉を動かすわけですから、からだの中にたくさん酸素があった方が有利であることはまちがいありません。

彼は五〇メートルを折り返して、あと二〇メートルほど進みましたが、あわせて七〇メートルほどを一分以上かけて潜っていたのですから、酸素もずいぶん使っていたはずです。

ところが、深呼吸をして酸素をためるということは、いいことばかりではありません。深呼吸を何回もするということは酸素面からみれば確かに有利なのです。使った酸素は燃料であるでんぷんや脂肪を燃やすのに必要ですから。一方、でんぷんや脂肪が燃えた時に出てくる二酸化炭素というのがありますが、これがからだの肺のところには、ある程度なければいけないのですが、深呼吸によって二酸化炭素が吐き出されていきますと、肺の二酸化炭素の濃度が薄くなって、それによってからだの血液がアルカリ性の方に傾いてしまいます。

それが原因で、脳の血管が縮み、めまいとかケイレンとかが起こってきますし、そしてついには気を失ってしまうことになるのです。運動することにより、二酸化炭素は増えてくるのですが、最初の二酸化炭素不足の状態の影響が大きいのです。ここにあげた例では、水の中で立とうと思っても足の筋肉がケイレンを起こしていたようです。それでしっかりと立てずに沈んでいったのです。プールの底に潜っているうちはよかったのですが、浮かんでくるにしたがって、二酸化炭素の影響がますます悪く働いて、水面のところで気を失ったのではないかと思います。

このように、潜水する時にあまり何度も深呼吸をするのは大変危険です。せいぜいみなさんは一、二回、多くても三回ぐらいにとどめておくのがいいと思います。やってみればわかりますが、あまり息を口一杯吸い込んでもかえって息苦しく、胸が圧迫されるようで気持ちのいいものではありません。ぜひ、潜水の前は普通の息で一回すっと吸い込んで潜るようにしてください。

8 おぼれて助かっても必ず医者へ

―淡水と海水では症状が違う―

私は大学で救急処置の授業をしていましたが、私自身は人工呼吸で命を助けたことは一度しかありません。これからも二度とないことを祈っていますが、それでもその技術は必要なものだと考えて、今も学生のみなさんに教えています。

しかし、呼吸の止まった人に対する人工呼吸や、心臓が止まっている人に対する心臓マッサージは、すぐに役に立つようにその技術を身につけることはむずかしいのです。生きている人を練習台にしての人工呼吸、心臓マッサージをすることは、完全にはできない相談だからです。そこで、現在は患者役としてロボット機能を持つ人形を使って効果を上げています。

私が命を助けたのは、プールで潜水をしていた人です。その人は呼吸が止まっていましたから、すぐに人工呼吸をしましたが、水を飲んでいたようです。

幸い彼はすぐに自分で呼吸をし、意識も回復し、水をはいて元気になりましたからよかったのですが、毎年、新聞におぼれて死ぬ人の話も出ていますし、助けられても意識がなかなかもどらなかったりすることがよくあります。

ある時こんな体験を友から聞いたことがあります。夏休みに海浜学校が開かれ、キャンプをしながら水泳の実習を行っていたそうです。沖を船が通り、そのために押しよせてきた波で泳いでいた生徒の一人が海水を飲んで急にせき込み、うまく呼吸ができなくなり、あわてて助けを求めました。近くにいた級友は、おぼれかかっていた彼を、無事に助けました。

最初はぐったりしていましたが、意識もはっきりとあり、どうしてそうなったかも自分で説明ができたくらいですから、先生方は安心をして医者には連れていかなかったそうです。

しかし、彼は鼻からも水を飲んでいたので、その日はテントで見学をしていました。ところが、翌日ショックの症状を起こしたので急いで病院に連れていかれて、結局二日間入院したそうです。

なぜおぼれかけてから二四時間もたってそのようなことが起こったのかを、あとでお医者さんから聞いて、先生方は水を飲んだ時には十分な注意が必要だなと思ったそうです。

その理由を簡単にいいますと、海水を飲むといっても、口だけで飲んだ場合は胃の方へ行くのですが、鼻で飲んだ時には肺に入るか、口に出てきます。

彼の場合は肺へ塩分のある海水が入ったようです。そうしますと肺の一番はしっこは薄い膜で、そこは血液と接していますので、肺に海水が入ると、血液から水分がじょじょに肺の方に移動してきます。すると血圧も下がってきてショックを起こすひきがねになるわけです。

これが反対に、プールや川、湖などで淡水が肺に入った時には、肺の方から血液の方に水分が移動することになります。このように血液の中の水分が変化してしまうのです。

私もおぼれた経験が一度あるのです。小学校三年生の時です。田んぼに水を入れるために用水池というのが掘られていましたが、そこで学校帰りに遊んでいて、落ちてしまいました。

ちょうど大人達が用水池のモーターの点検やごみの清掃に来ておられたので、日頃は閉まっていた入り口が開いていたのでしょう。そこへ入って遊んでいるうちに、テスト用紙が池に落ち、それを取ろうとして水を手でかいてこちらへ引きよせようとしました。その時ランドセルをかついでいたために、前かがみになった際、ランドセルが頭の上に移動してバランスをくずし、まっさかさまに用水池に落ちてしまいました。

もちろん服は着たままです。当時は、げたをはいていたと思います。ぬげたげたが水面に浮かんでいたと聞きました。たぶん友達が「落ちた」と大人達に知らせてくれたのだと思います。私は小学校三年では泳げなかったものですから、ゆらゆらとからだが沈んでいくのを感じていました。どういうわけか目を開けていて、しだいに暗くなっていくのを感じ、水も冷たくなっていくのを人ごとのように感じていました。

そこへお米屋のSおじさんが飛び込んできて、私のからだを引き上げてくれました。そこからの記憶はあまりないのですが、きっとみんなから叱られ、親からはこんこんとさとされたに違いありません。

幸いにして私の命はみんなのおかげで助かりました。この時の経験は失敗したり、くじけたりした時には、ずいぶん励ましになりました。ひょっとしてあの時死んでいたかもしれないという思いが、私を頑張らせる原因になっていたと思います。

その時に淡水をたくさん飲んだかどうかよくわかりませんし、父に聞いてもそこまでは覚えていないようですが、幸いにして二日目のいろいろな症状は起こらずにすんだようでした。

みなさんもおぼれるようなことがあっては困りますが、水泳や水遊び、ボートに乗る時にはおぼれるようなことがあると思っていなければならないと思います。不幸にも万が一そんなことがあったら、医師のところへ行き、説明すれば肺の中に水があるかどうかを調べてくださるでしょうから、そのことを忘れずに実行してもらいたいものです。

9 おでこをぬらして、飛び込み準備

―胸苦しさを防ぐために―

プールにやってきて、一番最初にそろそろと水の中につかった時、水圧で少しからだを圧迫される気分の他に、胸や心臓が少し苦しくなるような感じ――それは大変軽いものですから、気づかない人も多いと思いますが、そのような、胸がちょっと苦しいような、心臓がちょっと苦しくなるような、そういった思いや、経験をした人がいると思います。

特に冷たい水になると、それがよくわかるようになります。

水に入る時に、ちょっと手のひらでプールの水をすくって胸にかけ、ペタペタとぬらしている風景をよくみます。これは、多分、心臓にこれから冷たいのが来るぞと、前もって知らせているのでしょう。

そのように水で胸をぬらしても、全身をプールの中へ沈める時に起こる胸苦しさをなくすこ

とはできないのです。ですからプールサイドで待っていたり、長く話を聞いたりしたあとで身体が乾いてしまってからプールに入る時も、同じような現象を感じます。

その様子を心臓の動きを調べる心電図というものでくわしくみることができます。すると、水につかった際の心臓の動きには三つのタイプがみられます。

一つは、心臓の動きが少しゆっくりになって、心臓が血液を送り出している間隔が一回一回長くなるタイプです。二つ目に、それと反対に心臓が速く動いて脈拍の間隔が短くなるタイプがありますが、そのいずれでも少し胸が苦しくなるのは、かわりがないようです。三つ目は、心拍数がほとんど変化のないタイプで、こういう人は、胸苦しさを感じないようです。

脈が速く打つタイプの人は、冷たさになれれば早くおさまってきます。そして泳ぎ出せば、すぐに脈拍が速くなります。このタイプの人は、プールに入った直後に起こる胸苦しさは、割合早く軽くなっていきます。

ところが、ゆっくり打つタイプの人は、少し時間がかかるようです。それでそういうタイプの人は、プールに入って最初はしばらくじっとしていることが多く、その苦しさがとれるのを待っているのです。

脈がこのように減少する現象は人間だけに起こっているのではありません。たとえば、イルカやアザラシなども、水に入ると脈がずいぶんゆっくりになることが知られています。しかし、なぜそうなるのかについてはまだ十分わかっていません。

冷たい水に入っても、脈が普通であれば、胸苦しさが起こってこないとすれば、胸苦しさを抑えるにはどうすればよいのでしょうか。いろいろと試みましたが、一番よい方法としてはおでこを水でしっかりとぬらせば、心拍の変化が少なく、胸苦しさも軽くなることがわかりました。

指でおでこにちょこちょことつける程度ではなくて、両手で水をくんでしっかりとおでこをぬらします。顔にかかれば顔を洗うようにぶるんと手を動かしてください。ついでに胸にもかけてからだをぬらして入るようにしてみてください。敏感な人は、きっと胸苦しさが軽くなっているのに気がつくと思います。

昔、古橋という水泳の選手がいました。その選手が全米屋外水上選手権などの競技で、アメリカ合衆国で泳いだ時に、耳につばをつけるのを他の国の選手は奇妙な目でみていたそうです。古橋選手が一五〇〇メートルで次々と新記録を出していったのは、この耳につばをつけることがそのまじないになっているというように思ったそうです。

おでこをぬらして飛び込むのは何かまじないをしているようですが、胸苦しさが軽くなる理由が十分に説明できなくても、それによって効果があるとすれば一度試みてはどうでしょうか。

10 こむらがえりの予防に、ストレッチ運動

―準備運動は様がわり―

みなさんはこんな経験をしたことがないでしょうか。冬、朝目ざめた時に縮こめていた足をぐーっと伸ばしたところ、膝から足首の間の後ろ側の筋（ふくらはぎの筋で、正式にはひふく筋といいます）が急にひきつれて、耐えられない痛みを感じ、そこにふれると硬く張ったような状態になっていたという経験です。

筋肉は硬くなり、そして耐えがたいほどの痛みが走り、足の親指を手前の方に曲げて引っ張ることで、ようやくその痛みから逃れることができるのです。しかし、自分で自分の親指を引き倒してくるのは、なかなかむずかしいことです。

私は子供時代から、この痛みをよく起こしました。大学生になってからも、ときおり起きました。たいがいは激しい運動をした翌朝に起きます。

なぜこのように足が急に痛くなるのかといいますと、筋肉がけいれんを起こしたのです。膝を伸ばすという動作とふとんの冷たさとがきっかけになって、再びもとの長い時間続けていた状態にもどろうとして、急に筋肉が縮んだのがけいれんです。いわゆる「こむらがえり」とよばれる症状です。大の字になって寝ている人には起きません。寒くて、からだをくの字に曲げて、膝をかかえるようにして寝ていた時に限って起こるのです。

このような経験のない人でも、指のけいれんを起こしたことはあるでしょう。長い時間、鉛筆を持って字を書き続けたとき、あまりに強く握りしめていたために、すぐには手が開かず、指も伸びず、反対の手で、一本ずつ指を伸ばして、やっと鉛筆を手から離したことを思い出したでしょう。

ひふく筋にけいれんが起こって一番こわい場面は、泳いでいる時です。遠泳などをしている時に急に「こむらがえり」が起きますと、痛みはひどいですし、泳ぐことも満足にできにくいのです。プールでもそのためにおぼれたら大変です。ですから、水泳の前には準備運動をよくするように注意されるのは当然のことです。

最近の準備運動はしだいにかわってきました。たとえば、水泳の時には今までは、プールサイドからスタートの飛び込み台のようなところへからだを倒して、足のアキレスけんや膝の関節、股《また》の関節の筋肉を伸ばしているような風景がよくみられました。特にかかとを前後に動かして、リズミカルに伸ばしている運動です。

しかし、最近は同じ目的の運動でもずーっと静かに伸ばして、またもとにもどすというストレッチが行われるようになってきました。ストレッチとは引き伸ばすという意味です。このように準備運動はしだいに様がわりをしてきました。

みなさんがもしプールで泳いでいる時に、この「こむらがえり」を起こしたならば、すぐに友達や先生に知らせます。起こった足は縮めたまま、片方の足と手でサイドへ泳ぎ、プールサイドへ上がります。友達に手のひらで、起こった方の親指をゆっくりと強く、頭の方へ押し曲げてもらいながら、曲げていた膝を押し伸ばしてもらいます。

　そうするとあれだけ痛かったのに、うそのように楽になってくることでしょう。しかしよくなったからといって、すぐに立ったり、歩いたりすると、すぐに再発しますから、しばらくすわって休み、自分の手でもんでみましょう。そして、おそるおそる膝をゆっくり曲げたり、伸ばしたりして、しだいにならしていきます。するともう大丈夫です。

「こむらがえり」の原因については、いろいろな説があります。そのうちの一つは乳酸説です。運動の強度が強くなってくると、筋肉の中の酸素が不足してきます。そうなると補助的に、エネルギーの一部を酸素を使わない「乳酸ストップ型」でつくり出すようになります。すると、筋肉の細胞内に乳酸がたまり始めます。この乳酸がけいれんを引き起こすというのが乳酸説です。運動の前や途中、あとには、乳酸を運び出しやすいように、水分を充分にとりましょう。

11 浮き身の技能が生命を救った話

―こうすれば、絶対沈まない―

水泳は、楽しいですが、一つ誤れば取り返しのつかない大事故につながる危険性もあります。

私が、水泳指導の研修会で講師の方から聞いたことの中で、印象に残った、一つの話を紹介したいと思います。

それは、生徒のみなさんにも、指導者のみなさんにもぜひ知っておいてもらいたいと思いますし、特に、指導者の方には、より大事にあつかってもらって、実際に役立つ技能に育つように、御指導願いたいと思うからです。

話はこうです。当時、小学校の女の子が（仮にA子とします）、みんなといっしょに、楽しく、川で遊んでいて、つい流れに足をとられて、深みへ流されてしまったのです。しかし、幸いなことにA子は助かりました。A子は、どうして助かったかという話です。

実際に、自分がこのような場面に出会ったとして、考えてみてください。

水泳がよくできて、川での泳ぎになれている人の中には、遊びで流れを利用したりする人もいますが、A子の場合は泳ぎにはまったく自信がなかったのです。本当は、そのような人は、もっと場所を選ぶなりして慎重な行動をとらねばなりませんね。

おそらく、深みへ流された瞬間、からだがふわっと浮いて宙ぶらりんになり、足が川底に届かない、なんともいえない不安な気持ちが伴ってきて、ショックを受けたのではないかと思います。

そこで、A子は無我夢中で岸の方に向かってもどろうとしましたが、流れがあるし、泳ぎも達者でないので、どうすることもできませんでした。子供なりに死の恐怖と不安を感じ、おぼれないように必死でもがいたことでしょう。

その時、ふと学校の水泳の授業で習った、疲れない泳ぎ方のことを思い出したというのです。この疲れない泳ぎとは、どんな泳ぎか、みなさんはわかりますか。私は、この話を聞いた時、とっさにそれがこの泳ぎだと、ピンときませんでした。

しかし、A子はそのことに気がつき、それが少女の生命を救うきっかけになったのです。そ

の泳ぎ方というのは、浮き身とでもいいましょうか、泳ぐというより、その場で浮きながら休むものなのです。（イラスト参照）

それは、腹を上にして静かに水の上に寝るようにします。両腕はからだにそって自然に伸ばし、手首をやわらかく使って、両手のひらで水を上下に押してからだを浮かすようにします。足の方も同様に、足首をやわらかくして、足の甲で水を上に押し上げるように上下に動かします。顔は真上に向いているので、呼吸は鼻でも、口でも自由にできます。

このような浮き方を、A子はとっさに思い出し、それが成功し、流れに身をまかせているうちに運よく岸に着き、一命をとりとめることができました。

簡単な話ですが、人間あわてている場合は、なかなか有効な方法に気がつかないものです。また、たとえ気がついても、やり方がまちがっていては失敗します。

どんな時に失敗して沈むかといえば、まず緊張するとからだがこわばり、手足、身体、呼吸の関連がうまく調整できなくなるので、からだの安定がうまくとれず、浮かぶことができなくなります。だから、できるだけ全身の力をぬいて、からだを軽くしなければなりません。これは大変むずかしいことですが、不安な中でも冷静になり、落ち着くことが大事なことですね。

こんなことを考えると、子供の方がかえって有利だとも考えられます。大人は考えることがたくさんあり、それが緊張の原因になり、リラックスできにくいかもしれません。

むずかしい表現をすれば、腹を上にして寝る姿勢のことを仰臥姿勢《ぎょうがしせい》といいます。この仰臥姿勢を水面でとる時、一番大切なことは目線の方向です。普通水中で身体を背面にした時によく出る欠点は、足先の方に目線が向くことです。これは、無意識のうちに鼻や口に水が入らないようにしている反応でもあるし、また、腰の関節は前に曲がりやすくなっているので、生活でその習慣がついているとも考えられます。反対に、反ることはあまりないので、ある程度、意識的にやらなければできないものです。

しかし、水中では仰臥姿勢から頭を起こして腰を曲げると、身体の重心が不安定になり、たちまち浮力を失って、尻、足が落ちて沈んでしまいます。

からだを寝かせた姿勢をシーソーと考えてください。「ヘソ」のあたりに支点があることになりますね。そこで左右の平均がとれています。この場合、頭が上がるとすれば、それは足の方に重みが加わったということですね。つまり上体が起きると下肢《かし》が下がるのです。こうなればからだが立つことになります。水中で直立のまま浮くことは非常にむずかしく、すぐに沈みます。直立では、重心の位置が定まりにくいので、浮力がつきにくいのです。

要点をまとめてみましょう。目線の方向が大事なポイントになります。目線は真上の空をみるようにするといいのです。やや上の後方のあたりをみるようにすると、ちょうど真上くらいになります。

その時のからだの感じとしては、背中が反った感じで、尻が締まります。そして、手首、足首をやわらかく上下に動かしながら、ゆっくりと呼吸します。呼吸は口から吸って鼻から出すようにします。決して、速く泳ごうとしてはいけません。そんなことをすれば、第一に、からだが疲労します。第二に、全体のバランスがくずれて浮力をなくしてしまいます。

本来、からだは浮くようにできているので、静かに仰臥姿勢がとれると浮くのです。長い距離を泳ぐ時などには、この姿勢をとって、からだを休めては泳ぐということもできるのです。

水泳の練習といえば、平泳ぎとかクロールの泳法の学習が目について、呼吸動作が一番開放されている背面での浮き方などは、案外無視されがちなところがあるように思います。というのは、体育の学習内容としても、一つの泳法として取り上げられていないので、ついつい、指導者の目にとまりにくいのです。だから、指導者がいかに安全な水泳指導を考えているかということに、ゆだねられています。

その点、A子は本当によい指導者に恵まれていたのです。

非常の場合には、日頃身についていることであっても、なかなか十分に発揮できないものですが、A子の場合はうまくいった例です。さらに、本人自身にまったく経験のないものであれば、とっさの時にいくら考えても、よい対応策には気がつきにくいと思います。その反対に、一度でも体験したものであれば、思い出すことはあり得ることです。この点、それぞれの学校で毎年実施している防災訓練は意味があると再確認しました。訓練はあくまで災害を予想して実施しているものですから、本番ではないので、なんとなく油断がありますが、ここでの話をだぶらせて考えてみると、ふだんの備えの大切さを思います。

そのためには、指導者に大きな責任があるので、生命にかかわることがらには、特に先のことも含めて、指導内容の適性化をはからなければなりません。生徒自身も、単に練習ということでなく、その時の先生の指導内容を正確に理解し、正しい技能を身につけておくことが、自分の生命を自分で守る最短の近道になります。

背面での浮き身に自信のない人は、水泳時に必ず試して自分のものにしておいてください。そして、指導者のみなさんは、水泳時の準備運動の中にこの背面の浮き方をぜひ取り入れてください。

それでは、みなさんが安全な水泳を楽しまれることを祈っています。

12 すわっているより動いている方が、よく働く頭
―歩きながら哲学しよう―

みなさんはこんなことを聞いたことがありませんか。運動をすると頭が悪くなるぞという警告です。スポーツをすると頭が悪くなるというのです。はたして本当でしょうか。

私が西ドイツ（当時）の大学で勉強していた時のことです。私達が前日に遅くまで実験をした分について、そのデータをグラフにして、翌朝、教授の前へ恐る恐る差し出すというのが、日課でした。すると、教授は腕組みをしてそれをじーっと見ておられます。学生達はその間、教授の目をみつめて、どのような言葉が出てくるのか一言も聞きもらさないように、耳をそばだてています。

そんなことを繰り返していたある日のことです。教授はちょっと森へ行こうといって、その実験データのまとめをつかんで部屋を出ていかれました。私達は教授についてぞろぞろと校舎

を出て、森の中に入っていきました。
その大学は、森の中に大学があるといってもいいくらいに、大きな高い木々に囲まれて校舎が建っていました。落葉をふみながら、皆は教授の声を聞きもらすまいと、囲みながらぶらぶらと歩いていきます。教授は時々立ち止まって、学生達に「この数値はどのように解釈するのかね」と意見をいわせたりしています。「このような数字を示すのは、なぜだと思うかね」と聞いたり、「それはこうじゃないかな」と自分で意見をいわれることもありました。
ゆるやかな傾斜地に太い木が等間隔にならんでいる森です。その中に自然とできた道をぐるっとひと回りしながら、その間、話したり、討論をしたり、意見をいったり、解釈をしたりしました。歩きながらですから、ノートも満足にとれません。話がひととおり出終わると、私達は実験室にもどってきました。そして教授は「さあ、今の話をまとめなさい」と学生に指示されて、部屋にもどっていかれました。

私がドイツ人の学生に、時々このようなことがあるのかと聞くと、しばしばだということでした。なるほど、それからはいく度か経験をしました。なぜ教室でしないんだろう、と不思議に思ってそこの学生に理由を聞きましたが、肩をすくめるばかりでした。でも不思議なことに、学生達は散歩後にまとめるレポートは楽なようでした。

いよいよ私もその研究室を離れる時が来て、教授にご挨拶に行きました。そしてドイツの研究室での印象を聞かれたので、一つだけ「教授がデータを持って森を歩きながらディスカッション（討論）をされるのは、どうしてでしょうか」とたずねてみました。「いや、この方がいい考えが出るんでね」と意外に単純な答えでした。よい考えが出る、よい意見が出る、ごちゃごちゃしたことでもハッキリとまとまる、そういったことが、歩くことによって、実験室にいる時よりもよくできるというのです。私は少し意外な気がしました。ものごとを集中して考えるのには、じーっとしている方がいいと思い込んでいたのですから。

このような経験をしてからは、私も時々まねをして歩いて物事を考えるようになりました。

帰国してからは実証できないかと実験もしてみました。

それはこんな実験です。「ランプがついたら急いで持っているボタンを押しなさい」と指示をして実験を始めます。ボタンを持った人は、まず、横になってそのランプをみています。ランプがついてボタンが押されるまでの時間を測ります。もちろん一秒もかかりません。〇・数秒という速さです。

次に椅子に腰をおろして、じーっとしながら、ランプがつけばボタンを押すという動作を繰り返します。次に立って同じことをし、次に歩いて同じことをします。道を歩いたのでは、ランプとの距離がかわりますので、床がエスカレーターのように動く装置（トレッドミル）を使って、その上で歩きながらボタンを押してもらい、時間を測るわけです。さらに床を少しずつ速く動かしますと、分速一〇〇メートルぐらいまでは歩いていますが、それ以上になると多くの人は走ります。走りながらボタンを押してもらいました。走る速度も、分速二〇〇メートルから二四〇メートルまで速めながら、それぞれの速さで反応するまでの時間を測定してみました。六種類の姿勢や動作の順番はくじで決めます。

するとどのようになったと思いますか。集中すれば、速くボタンが押せるはずです。集中できるのは寝ころんでいる時でしょうか。それとも椅子に腰をおろして、前のランプをじっとにらんでいる時でしょうか。まさか、歩いたり、走ったりしている時ではないと思われます。

実験の前に、測定を受けてくれる人に予想をしてもらったら、全員が「椅子にすわっている時」という答えでした。ところが、結果は次のようになりました。

ランプがついてボタンを押すまでの時間が最も短かったのは、意外なことに、歩いている時でした。多くの人が、寝た姿勢やすわっている姿勢よりは、歩いている方が、ランプがついてボタンを押すまでの時間が短かったのです。ゆっくりと走っていても、やはり短くなるという結果が出ました。そして、走る速度を速くしていけば、こんどは時間が長くかかるようになっていきます。これはどういうことを示しているのでしょうか。

すわっているよりは歩いている方が、「ランプがついて、それを眼でみて、脳の中をぐるぐるまわって、最後は脳から命令を出して、手の指を動かしてボタンを押す」までの時間が短いわけです。この結果を次のように解釈しました。

光が眼に入ると、その刺激は電気信号にかわり、眼から神経の中を走って、大脳の中に送られ、ボタンを押すという判断をします。そしてそこから、ボタンを押す筋肉を動かすために、運動神経の中を走って指に伝えられます。このルートの中で、走る神経の長さは一定ですし、その速度もほぼ一定です。これらは、歩いたり、走ったりの運動をしたからといって、大きくかわるわけではありません。それならば、残るは脳の中が問題で、そこに秘密がありそうです。

脳の中は、たくさんの部屋に分かれていて、それぞれの部屋は連絡しあっています。最初、ランプの光が眼に入ると、電気信号になって、「見る」という部屋に行きます。その部屋から光の記憶の部屋に照合しにいって、合致するものがあれば意味の部屋につながり、約束していることから判断したりする部屋などのいろいろな部屋を通って、最後は運動の命令を出す部屋に到着します。その脳の中で連絡しあっている時間が、すわっていたり、速く走っているよりは、歩いているか、ゆっくり走っている時の方が、短くてすんでいるのです。いわば脳の中の働きが敏感で活発になっていることを示しています。歩くというような運動が、そのような働きを助けているわけです。

みなさんは、運動したことによって、脳へ行く血液がたくさんになって、それでこのようなよい状態が生まれたと思っているかもしれません。しかし、寝ても、すわっても、歩いても、走っても、脳へ送られる血液量七六〇ミリリットルはかわらないので、やはり連絡しにいく神経の道が近道になるようです。

そういえば昔の哲学者に歩きながら物事を考える逍遙《しょうよう》学派という人達がいました。小説家の志賀直哉も悩みを解決するために、部屋の中を熊のようにぐるぐる歩きまわる癖があったそうです。すると行きづまっていた小説が書け出したり、よい考えが浮かんだというのです。このように実際に実行している人は多いと思われます。きっとその人達は、歩くことによって考えがまとまったり、新しい考えが浮かんだりした経験があり、そのようなことをしていたに違いありません。

みなさんも、何か考えがまとまらなかったりすれば、時々歩いて考えてみたらどうでしょうか。交通事故にあわない安全な場所に限られますが、ぜひ一度試みてください。

13

どんな動作でも、手間をかけた手づくり作品

―できるようになる過程の経験を―


　歩いている時に、右足を出して、それと同時に左手を前に出す、次に左足を前に振り出して、右手を前に上げてくる、などと意識して歩いている人はいないでしょう。

　ところが、まだ赤ちゃんで、一歳頃に歩き始めた時には、右足左足というふうに自分で意識して――今しているような意識とは違いますが――手足を出していたと思われます。「そんな時のことは、覚えていないよ」というでしょうけれども。その時から、この動作を繰り返しているうちに、今のようにほとんど無意識で歩けるようになったのです。

　この動作は頭の中ではしっかりと覚えているのです。そして、頭から筋肉に伝えて足を動かすルートも、よく覚えられています。ですから、寝ている時はぜんぜん歩いていないにもかかわらず、朝起きればすぐ歩けるわけです。

このように歩けるためには、脳の中に歩くプログラムと、その命令が走るルートとがはっきりと確立していなければなりません。一歳の頃に、それらをつくり、定着させるために、何度も何度も倒れては起き上がりして、初めて歩けるようになったことを思い出してください。もちろん思い出せといっても、自分自身のことはわからないでしょうから、小さな赤ちゃんが歩こうとしている姿を目に浮かべてみてください。一回や二回でめげることなく、何度も何度も失敗を繰り返して歩けるようになっていくでしょう。

頭の中のプログラムができるともうそれで歩けるかというと、それだけではまだ不十分です。大脳から筋肉に命令が伝わってきて、筋肉が動けるようになっていなければなりません。
16の「月を歩いた宇宙飛行士が、地上でなぜ歩けなかったのか」（九八頁）のところでも書きますように、わずか一週間、足を動かさない状態にしておくと、脳からどんなよい命令を出しても、足の筋肉の方が動かないために歩けないのです。筋肉はすぐには元にもどりませんが、回復のためのトレーニングをしていけば、脳の指令どおりに動く筋肉に、間もなくもどることでしょう。

今は「歩く」という、いわば大きな動作を例にあげましたが、はさみで紙を切ったり、ひもを結んだりすることなど、どんな動作でも最初からできるものはなく、繰り返し反復することで、脳内にプログラムをつくり、そのとおりの電気刺激を出して、神経のルートをつくってきたのです。

このように小さな、いつもなんの気なしにしている動作でも、感覚器、脳、神経、筋肉、骨・関節の五つが連係プレーをしているわけです。もちろん、五つのうち、どこに故障があってもいけませんが、動作は本当にいろいろな部分の協調で行われていることがわかります。

このような経験は大きくなっても試みることをおすすめします。雪国育ちでない人にはスキーやスケートがよいでしょう。足の下が滑るところでバランスをとる動作は、日常生活ではあまりありませんから。みなさんの年になって初めてスキーをする人は、いちいち意識して動作をしなければならないでしょう。また、意識したからといってできるわけではありません。ステンと何度も何度も転んで起き上がることの繰り返しがその間にあるはずです。そのうちに、まっすぐに滑る直滑降や、斜めに滑る斜滑降ができだし、回転するプルーク・ボーゲンができるようになるでしょう。

これらができるようになるためには、最初は一つ一つ、体重を右足にかけてとか、エッジを立ててとか、意識した動作が必要になります。その動作はひっくり返ることも含めて、頭の大脳の中に刻まれ、記憶されていきます。そして一つのコースができ上がって、初めてスキーのいろいろな動作が自由にできるようになるのです。

このように考えてきますと、手品などもよい教材かもしれません。トランプをきれいに切ったり、あるいは腕の上で、ドミノ倒しのように倒したりするような動作をいとも簡単にやってみせるかげには、そのルートをつくるまでの苦労が並たいていではなかったことがうかがえます。私達の歩いたり、走ったりしている動作も決して最初からできるわけではなくて、自分の手づくりでつくってきたものなのです。

雪国の人達は、スキーやスケートは歩けないうちから、あるいは歩くのと同じぐらいの時から滑れたかもしれません。漢字を書いたり、あるいは英語で日本語にない発音をしたりするのも、すべて手間をかけて繰り返し練習せずして、身につくものではありません。

特に、スポーツの動作や体育の運動をわけもなくやってのける人も、最初からできていたのではなく、失敗を重ねていくことによって、できた部分をつらねていくと、ある時突然できるようになるものなのです。みなさんは、これからどんな新しい作品を、他の人にすぐにはまねができない作品を、自分のからだの動きでつくろうとしているのでしょうか。いつの日かそれをみせていただくのが楽しみです。

14 け上がりのできたうれしさが、私を体育の教師にしたんです!?

―三〇〇回の練習でけ上がりはできる―

みなさんの学校には鉄棒がありますか。ほとんどの学校にあると思うのですが、どうでしょうか。

私は、中学校一年生の三学期に、約一カ月かけて「け上がり」という名称でよばれている鉄棒の種目が、高鉄棒でできるようになりました。このことは、単に「け上がりができた」というだけでなくて、私にとって、とても大事なできごとになったのです。というのは現在の職業を選ぶ一つのきっかけになったからです。ここではそんな私の体験をもとにした話を紹介しましょう。

時代をさかのぼって、昭和二〇年――というと、みなさん何かピンとくることはありませんか？　そうです、昭和二〇年の八月一五日は日本が戦争に敗けた日です。この日からが戦後で

あり、それまでの社会とはまったく違った社会を建設する出発の日でもありました。私の中学時代は、このように敗戦直後の日本の社会がいろいろと迷いながら、平和な社会を目指して歩み出した時代でした。

戦争は無差別に人間の生命を奪ってしまうくらいですから、その他の物の破壊も当然のことでした。そんなわけで、戦後の生活で特に、衣、食、住が極端に不自由になり、人間らしい生活の最低の保障さえままならない状態でした。子供達にとっても、遊び用具はほとんどなく、あっても簡単な手製の物が主であり、店頭にも品物はほとんどならんでいませんでした。そんな時代でしたが、鉄棒の施設だけは比較的残されていたように思います。

学校のグラウンド、公園等には必ず鉄棒がありました。他に遊び用具のない時代の子供たちにとって、鉄棒は親しみのある運動施設であったわけです。

今、「身体と運動」という点だけにしぼって考えてみると、敗戦直後は大変な時代ではありましたが、一方、現在より当時の方が恵まれていたといえる面もあったのではないかと思います。当時の生活は自給自足的な生活でしたから、場所の移動は近距離の時は徒歩が主であり、その他の生活の中身も手足を動かすことがたくさんありました。その結果、大きな筋肉を活用することになる中で、自然に筋肉が鍛えられていたわけです。

今は生活を補助する用具が開発されたので、子供達も学校の体育の時間以外は大きな筋肉を使用する機会が少なくなりました。遊び用具一つとっても、個人で、しかも室内で手軽に楽しめるものが氾濫《はんらん》しています。したがって、知らず知らずのうちに運動不足になりつつあるわけで、このことは子供達にとって大きな問題であり、不幸なことでもあります。

人間も動物も、身体のほとんどは、筋肉と骨からできています。筋肉と骨は運動の刺激を与えないと弱くなってしまいます。その証拠に、みなさんも一カ月ベッドに寝たきりの生活をすると、立ち上がってもすぐには歩けません。早朝とか夕方によく犬の散歩をさせている人をみかけますが、犬も一日中犬小屋につながれていては身体がもたないわけです。

人間も同じで近頃運動不足のこわさが少しずつわかってきたので、健康を保つことへの関心が高まってきました。

「ジョギング」という言葉などは陸上競技を専門にする人達だけの専門用語でしたが、今は、だれでも知っている日常的な言葉になりました。いずれにしても健康を保つ方法の一つは、大筋肉を動かすことです。ここで説明したことは、今みなさんの筋肉が弱くなりつつあることへの警告でもあります。本来の鉄棒の話から少し横道にそれましたので、もとにもどすことにしましょう。

みなさんが、手軽にやれる運動の一つに鉄棒を利用した運動がありますが、やっていますか。

鉄棒運動は中学生のみなさんにとっては、身体の発育・発達からいっても、適切な運動ではな

いかと思います。それは、中学時代という時期がちょうど筋肉の発達し始める初期の時期にあたるからです。

前に述べたとおり、私にも中学生の時期がありました。その頃は物の不自由な時代でしたが、鉄棒だけはグラウンドの片隅にありました。私は別に筋力をつけようというような気持ちからではなかったのですが、上級生がやっている「け上がり」（イラスト参照）に大変興味を引かれました。高鉄棒にとびついて、すこし身体を振っていると思うと次の瞬間にはもういとも簡単に鉄棒上に上がっているのです。友人の中には比較的腕力の優れた人がいて、腕力で無理やり上がる人もいました。それは軽快な上がり方ではありませんでしたが、上がったことには違いないので、自分の腕力のなさを悲しく思ったこともありました。しかし、どうしても上がりたい一心で、冬の一月から二月にかけて約一カ月ぐらい、毎日夕方になると高鉄棒にとびついては「け上がり」の秘密練習を一人でしました。

一回の練習量は一〇回から二〇回ぐらい、少し練習を続けていると身体が上に上がり始め、それに気をよくしてまた練習を続けました。その間には手のひらに豆ができたり、そのまめがつぶれて皮がむけたり、足首の少し上の部分や胸が鉄棒にあたったりして、苦しかったこともありました。しかし、日ごとに自分に力がついてきていることがわかり始めてからは、だんだんと意欲がわき出しました。そして、約一カ月後に、夢にみたような「け上がり」ができたのです。練習回数にしてだいたい三〇〇回から四〇〇回やればできますね。

この時の喜びは今でもよく覚えています。結果から考えてみると、腕力のなさがかえって合理的な力の使い方に役立ったようです。無理やり上がることができなかったので、時間はかかったけれども、無駄の少ない、美しい上がり方ができたのではないでしょうか。また、この「け上がり」ができたことには副賞がついていました。その一つは、懸垂《けんすい》力が零《れい》回から一〇回に上がっていたことです。これには実に驚きました。このようなことは予想外のことでしたので、二重の喜びとなりました。

一〇回の懸垂ができ出したことは、中学時代の身体の発育・発達と無関係ではないでしょう。中学時代は筋力が発達し出す時期になっているので、それに応じた適当な刺激が必要です。この場合は、鉄棒の練習が効果的に働いたのだと思います。いずれにしても一石二鳥とはこのことでした。さらに嬉しかったことは、「け上がり」という種目によって新しい鉄棒の技がひらけたことです。

鉄棒運動は連続していろいろな種目を演技することにおもしろさがあるのです。その連続種目をする時に、この「け上がり」が大変重要な役割をはたしてくれます。「け上がり」は種目と種目をつなぐ調整役的な働きをするので「け上がり」ができることにより、それまでにできていた種目を組み合わせて、新しい連続技ができ出したのです。こんな「け上がり」の特性がわかり、鉄棒運動への興味・関心がより高まりました。このことは、「け上がり」ができない時には想像もできなかった世界の広がりでした。

現在の自分の姿は、この時に感じた喜びに、その原点があるように思うくらいです。

みなさんも「け上がり」に挑戦してみませんか。もちろん他の運動への挑戦でも結構です。練習を継続してある成果を得るという体験をすれば、きっと新しい世界を発見することでしょう。

15
腕立て伏せが一〇〇回できた人
―一度は自己への挑戦―

私が大学を卒業して、すぐに母校の高等学校の教師になった時の話です。受け持った生徒の中にこんなことを聞いてきた子がいました。

「先生、腕立て伏せができますか。」

私はその質問で、彼の意図していることに気づくべきでしたが、若い私はそんなことまで先を読む知恵がまわらずに、単純に「腕立て伏せぐらい先生だってできるよ」と答えてしまいました。「それじゃ、一度、競争してみませんか」と彼は自信ありげに、ほほえみさえ浮かべて、服のそでをまくり上げました。私は「できるか」から「競争」に変化したことにも気がつきませんでした。

「いつでもいいよ。」

話の調子とはこわいものです。すっかり彼のペースにのっていました。「それじゃ、今やりましょう。」彼はすぐにでも腕立て伏せができる姿勢をとりました。そして、彼は大きな声で「いち」といって深々と腕を曲げ伸ばしして、私を見上げました。あわてて私も腕立て伏せの姿勢をとり、彼が「にー」という前にそのペースに合わせました。

一〇回ぐらいまでは彼のペースで苦もなく実行することができましたが、二〇回目ぐらいからはもう彼のペースでは続けられません。二呼間に一回になり、とうとう二五回で「まいった」といって、そこに腹ばいになってしまいました。

彼はそんなことには関係ないように、六〇、七〇、八〇と回数を増やしていきます。息をはずますことなく、汗をたらすこともなく、彼が黙々とロボットのように腕立て伏せを続けているのを、私はそこにすわりこんで腕をなでながらみていました。数を数えている声は最初とかわりませんし、顔が赤くなっているわけでもありません。今までにそうとう練習を積んでいたことがわかります。

彼は簡単に、一〇〇回の腕立て伏せをすませると、敏捷に立ち上がって「失礼します」といって、走っていってしまいました。

私はといいますと、その日の夕方頃から腕は痛くなり、大変なさわぎでした。私の能力のぎりぎりまで頑張ったものですから、痛みは翌日まで続きました。

痛みがなくなると、私は腕立て伏せを始めました。一〇回くらいなら平気ですから、その日は一一回、次の日は一二回、というふうに一日に一回ずつ増やしていきました。そして、一五回、二〇回のように五と〇のつくところでは、一週間固定した回数で足ぶみを続けて、そのあと再び一日に一回ずつ増やすという方法で、一〇〇回へ挑戦していったのです。お風呂に入る前に練習をし、学校ではいっさいしませんでした。

腕立て男の彼には毎日会いましたが、私も彼もにこにこし、「たいしたもんだなあ」と声をかけていました。

私が一〇〇回できるようになったのは、計画より二カ月遅れた、八カ月がたってからで、お正月になっていました。私もようやく腕立て伏せが苦もなく一〇〇回できるようになったのです。

三学期に時間をみて彼とゆっくり話をする機会を持ちました。彼が一〇〇回も腕立て伏せをするようになったのには、おおよそ、こんな動機があったのです。

彼が中学一年生の時、保健体育の先生がこんなことをいったそうです。「なんでもいいから一〇〇回できるようにしなさい。手をたたくのが一〇〇回でもよろしい。鉄棒の懸垂が一〇〇回でもよろしい。腹筋運動を一〇〇回でもよろしい。倒立歩行一〇〇歩でもよろしい。」

先生は今すぐにだれでもできるようないくつかの例から、そんなことはとうていできないだろうと思われる例までたくさんあげて、「どれでもよろしい。中学三年間の間に、三年かかってやってよろしい。別にテストはしないから自分でこんなものができるようになったと知らせにきてほしい。それだけです」とだけいわれたのだそうです。

多くの友達は、テストもないし、だから成績にも影響はしないから、ほうっておいたそうです。

先生は体育の時間に「どうだ、やっているか」とだけ全体に向かっていって、そのようすを聞いたり、思い起こさせたりしていましたが、誰かをあてて「何をしているか」などと聞かれたことは一度もありませんでした。

彼は、一年生の時には「そんなことは、ばかばかしい」と考えて、真剣にやろうとはしませんでした。友達の中には得意な鉄棒にぶらさがり、懸垂一〇〇回をしようとした人が二～三いたくらいで、彼はそんな彼らの行為を笑っていたそうです。

田舎の学校でしたから、特別にそんなことをしなくても、家の手伝いなどで腕の力も強いと思っている者ばかりでした。

中学校の二年生になった時、教室で腕ずもうがはやっていました。総あたりで、なん回も勝負をしますと、自然と順序が決まってしまいます。彼はクラスの中でも下から数えた方が早く、強い方ではありませんでしたが、その中でも絶対に負けたことのない級友が二、三人はいたのです。ところが三年生になって、そのうちの一人に負けてしまいました。それもたわいもなくひねりつぶされたという感じでした。彼は驚きました。負かされた彼の腕が急にたくましくみえ出してきました。そのうちに、高校進学のための実力テストがあり、二年ではクラスのトップでしたが、三年の最初のテストで、五、六番だった彼にぬかれてしまいました。腕ずもうで負け、実力テストでも負けたのです。

彼のくやしく思う気持ちがライバルに負けまいと思う気持ちになり、それがしだいに自己への挑戦という意識にかわっていきました。

彼の目標はまず、腕ずもうに勝つことと実力テストでは互角になることでした。その時、思い出されたことは、一年の時に保健体育の担当だった先生がいわれた言葉でした。「なんでもいいから一〇〇回、できるものをつくりなさい。最初聞けば、とうていできっこないと思えるものならば、一番よろしい」という先生の言葉がふと思い出されたのです。

彼は道具も、設備も何もいらないものとして、腕立て伏せを選びました。そして一日一回、同じ回数を二日続けるという方法で半年の計画を立てました。彼は確実にその計画どおりに進めようとしました。その腕立て伏せを一日でも休むと、負かされた相手のライバルとしての資格を失うと思ったそうです。実力テストでは、いつも一番か二番でその方はすぐに目標を達成しましたが、腕立て伏せの方は半年以上かかりました。そして、とうとう一〇〇回できるようになりました。しかし、彼はそこでやめませんでした。今度はそれを短い時間でやることに挑戦していきました。彼は一〇〇回を二〇〇秒でできるようにする目標を立てて、それも三年の卒業の時には達成したそうです。

三年の卒業式のあとで、クラス会があり、いろいろな出しもので楽しんだそうですが、彼はその時初めて級友達の前で、一〇〇回できるものとして腕立て伏せを披露し、最後は回数の大合唱となったそうです。そうして、先生のところまで報告にいったということです。

彼は高校に来てからも一日も休むことなく、二〇〇秒の腕立て伏せをしていたそうです。まるで腕立て伏せが親友みたいになっていきました、といって笑っていました。

保健体育を担当した私に「先生、腕立て伏せができますか」などと少しとうとつに言葉たらずにいって、よってきたのにはそんな背景があったのです。

彼が高校を卒業した時もやはり友達から、「腕立て伏せをやれ。みせてくれ」とせがまれて、ひょいひょいとしてみせ、最初の五〇回は右手一〇回、左手一〇回というふうに片手で腕立て伏せをし、あとの五〇回は腕を伸ばして、とび上がり、手を空中でたたくという芸当をしてみせたのです。そして、今は一分間に一〇〇回が目標だといったそうです。

彼が大学へ入学した時には、私も他の大学の助手として遠く離れてしまいましたが、なんの機会だったか、会った時に「どうだい、まだ腕立て伏せをやっているかい」とたずねましたら、「たぶん、一生やめないでしょう」という答えでした。私の方はせっかく一〇〇回できていたのに、それほど強い意志がなく、すぐにやめてしまって今はもうできなくなっています。

彼はどこに行ってもどの集団でも腕立て伏せ一〇〇回で人気者になります。そして人々はそれに感心し、そこから彼の生き方までうかがうことができる気がするのです。

みなさんもヒゲが生え出したら、腕立て伏せ一〇〇回に挑戦してみませんか。それともそんなまねはイヤで、何か新しい運動に挑戦しますか。その方がよいに決まっています。できるようになったらお手紙をください。

16

月を歩いた宇宙飛行士が、地上でなぜ歩けなかったのか

―すわっているのは二時間を限度にする―

この本を読んでくれているみなさんは、元気にお過ごしですか。ひょっとして、入院見舞いに来てくださった方からこの本をいただいて、病院のベッドの上で読んでくれているかもしれません。その人は、今はまだ歩いてはいけないといわれているとします。それでも、一日一日の時間が薬となって、いずれは歩いてトイレに行ってもよいと、許可が出ることでしょう。

さて、一週間ベッドに寝たままになっていて、いよいよベッドから起き上がって、歩いてトイレに行ってよいといわれたとします。寝続けているって、なんと不自由できゅうくつなことかと、なげいていたのですから、そこからやっと解放されると喜びながら、そろそろとベッドから上半身を起こしてもらったら……どんなぐあいだと思いますか。めまいがして、気分が悪くなってしまい、早くもとどおりに寝かせてほしくなるはずです。あんなに、外でサッカーで

もしようと張り切っていたのに、がっかりです。
寝たままだったのはたった一週間だけなのに、歩くどころか、起き上がることすら、できなくなってしまったのです。それでも、いつまでも寝ているわけにいきませんから、勇気を出して、また上半身を支えてもらいながら、起こしてもらうでしょう。先ほどよりは少しましになっています。
そんなことを繰り返しているうちに、その日のうちにはそろそろと足を運べるようになることでしょう。一週間もたてば、だいぶ前の状態にもどってきた感じになるでしょう。でも、入院前には跳んだり、走ったりしていたのですから、その状態までもどるには、まだだいぶ時間がかかりそうです。

たった一週間しかベッドに寝たままになっていなかったのに、歩けないことも驚きですが、それと同じことが宇宙飛行士にも起こったというのですから、もっと驚きではありませんか。人類が宇宙へ飛び出した最初の頃の話です。宇宙飛行士が無事に地球へもどってきました。当時はパラシュートをつけたカプセルで海に落ちました――「着水しました」とはいっていましたが、落ちたという表現がピッタリするほどの勢いで海に激突しました。中にいる飛行士はずいぶんとショックが大きいだろうなと心配するほどでした。

波にただようカプセルのハッチが開けられて、医師が中へ入りましたが、すぐにはだれも出てきません。アナウンサーは今に元気な宇宙飛行士が手を振って出てくるはずだと伝えていますが、いっこうに姿をみせてくれません。私達もその瞬間をみのがさないようにと、目を離すわけにいきません。でも宇宙飛行士は、なかなか船外に出られなかったのです。

アナウンサーと解説者と同時通訳の人は、医学検査に時間がかかっているのだろうと、時間をかせいでいます。画面は着水の模様を何度も繰り返し放映しています。私はとうとうあきらめて、宇宙飛行士の勇姿は朝のニュースでみることにして、寝てしまいました。

あとでわかったことですが、地球へ帰ってきた宇宙飛行士はふらふらして歩けなかったのです。その原因は、さらにあとからわかりました。尿の中に骨のカルシウムが多量に排《はい》せつされていて、骨がからだを支えるという本来の役割をはたせなくなっていたのです。極端にいえば、骨は大根にすが入ったようになっていたそうです。

ベッドに長く休ませておいた場合にも同様のことが起こります。長く安静にさせていると、尿の中に急にカルシウムが増え始めるのです。ですから何も宇宙だけの話ではないのです。

骨はからだの中で生きていますから、硬い骨の中にも血が通っています。その血の中には食物を分解して得られた、いろいろな栄養が含まれています。もちろん、カルシウムも含まれています。その血液が骨の中に来た時、骨に力が加わると、カルシウムは骨に入り込みます。ところが骨に力がかからずにいると、知らん顔をして通り過ぎてしまうのです。

素通りしてしまうだけならいいのですが、二時間も縦（垂直）の力が働かなければ、骨の細胞内にあったカルシウムが骨から離れて、血液の中に溶け込んでしまうのです。それが腎臓でこされて、尿の中へ出たというわけです。

テレビでみていると、機内にいる宇宙飛行士は結構よく動いており、運動不足のようには思えませんね。

ところが、無重力の宇宙では、運動をしているようにみえても実際は骨への刺激にはなっていなかったのです。カルシウムが十分含まれている食物を食べていましたし、運動も十分だと思われていました。しかしフワフワと動く運動刺激が骨に力として伝わらなかったために、カルシウムは次第に骨からぬけ出てしまい、尿の中の成分として排せつされていたのでした。

ベッドに横になっていますと、二時間ぐらいまでは尿の中のカルシウムは増えてきません。ところが、三時間からあとになりますと、じょじょに尿中のカルシウム量が増えていきます。しかし、その頃に二、三分歩きまわるだけで、それから二時間は尿中のカルシウムは増えないようです。

現在の宇宙飛行船の中には固定式自転車（エルゴメータ）が持ち込まれ、宇宙飛行士は一日に三〇分はペダルをふんで、運動不足の解消をし、骨にも力をかけているということです。

私達が実際に生活している場面で、椅子などに腰をかけている場合でも、二時間ぐらいを限度にした方がよく、連続して腰かけていたい時は途中で休憩をとり、二、三分でもそのあたりを歩くだけで、カルシウムの骨からの流出を防ぐことができるわけです。ですから、一日中すわりっぱなしの授業でも休み時間、昼休み、休憩の時には必ず立って、教室の外に出る癖をつけることです。

また、修学旅行や家族旅行で、長い時間電車やバスに乗る時も、あるいは飛行機に乗っている時も、トイレに行くなどして、少しでいいですから歩くことが必要なのです。自動車での旅行も、二時間に一度はとまって、背伸びの体操をした方がいいということになるわけです。

さっそく、実行してみましょう。

17 骨は簡単に曲げられる

―骨折をしないために―

保育園・幼稚園の先生や、小学校の先生から、また中学校の先生からも、「近頃の子は骨が弱くてすぐ骨折する」という話をよく聞くようになりました。先日も、養護教諭の先生から、生徒がサッカーボールをけりそこなって手をついただけなのに、医師の診断では骨折だった、という話を聞きました。

昔からスポーツ中での大きなけがというのはよくありました。骨が外からみえるような骨折もみられました。ところが、現在は小さなけがで、しかも、小さな動作で骨折してしまうというのです。それも小さな骨折が起こるということが問題なのです。骨がしだいに弱くなってきているのでしょうか。

16の「月を歩いた宇宙飛行士が、地上でなぜ歩けなかったのか」（九八頁）のところで、骨が

カルシウムでできていること、さらに血液の中にあるカルシウムが骨に入って定着するためには、運動が必要であることを書きました。もう少しくわしくいうと、カルシウムの定着のためには、運動も含めて三つの条件が必要なのです。

三つの条件をまとめて書いてみますと、一つ目は、カルシウムが豊富に含まれている食べ物を食べること。二つ目は、日光にあたること。三つ目は、骨に縦の力、すなわち地球に対して直角の力を加えること（運動すること）です。

現代の社会は、食べ物だけをみると、確かに豊かです。牛乳なども、私達がみなさんの年齢の時には、ほとんど飲んだことがありませんでした。牛乳はカルシウムと蛋白質《たんぱくしつ》が豊富ですから、骨にもよいはずです。日本人の身長が伸びたのも、カルシウムと蛋白質《たんぱくしつ》によるという説があるくらいです。

　私個人でみると、育ったところが琵琶湖のほとりでしたから、琵琶湖でとれる小さな魚を大豆といっしょに煮たものが、大きな鉢に入れていつも食卓に用意してありました。それを副食に欠かさなかったことを思い出します。小さな魚は骨ごと食べてしまいますし、頭のところを残そうものなら強く注意されたものです。子供の頃は、目を閉じて頭のところをいやいや飲み込んだ覚えがあります。それからは、いやな頭から先に食べてあとにおいしい方を残すという知恵も生まれてきました。

　二つ目の日光は、みなさんも十分なはずです。

　日光が必要だといっても、真黒な肌になるくらい必要なわけではありません。それではかえって、ガンの一つである皮膚ガンの原因になってしまいます。外で遊びさえすれば、日光は十分です。

　私が小学校の頃は、机の前での勉強が大切だということもあまりいわれませんでしたから、学校から帰ると田や畑で手伝いをするか、日が暮れるまで外で遊んでいました。夏の終わりには日焼け大会が開かれたぐらいです。

　三つ目の運動はどうでしょうか。

現在は、外で遊んだりすることが少なくなっていますから、骨が弱くなっていると考えられないこともないわけです。それでも、骨にとって運動不足というところにまでは、いたっていないと思います。心臓にとっては、確かに運動不足なのですが。

ですから、運動といっても、骨に縦の力が加わればいいだけですので、今の状態をあまり心配するほどのことではなさそうです。

これらのことから、みなさんが特別に骨が弱くなっているようには思えないのです。ですから骨折が多いという問題も、もう少し別の角度からみてみましょう。

昔と今を比較すれば、こんなこともあるようです。昔はレントゲンの性能があまり発達していませんでしたから、大きな骨が折れた時にはよくわかりましたが、小さな骨の片がはがれているようなものは、骨折とはいわなかったように思います。今は小さなひびもみつけることができますから、お医者さんが「骨折です」といわれる程度が、ずいぶんと幅広くなってきているといえるでしょう。

また、昔は骨にひびが入った程度と思えるならば痛みもそうひどくないので、お医者にもかからずに、日常生活に不自由にならない程度におさまるのを待っていたものでした。しかし、今は保険制度もあり、後遺症（あとにのこる障害）の危険もよく知られていますから、多くの人がお医者さんにすぐみてもらうようになりました。その結果、きわめて軽い骨折もはっきりと「骨折です」と診断されるようになったわけです。

その他の点を考えてみますと、遊びが足りないために、動作があまり敏感にできない人も増えたようです。前へ倒れても直接、顔で地球にキスをする人もいるらしくて、顔にけががみられます。とっさに手をついて顔や頭が地面にぶちあたるのを防げなかったようです。そのようなことから、今までみられなかった部位に骨折が起こるものですから、骨折が多くなったと感じられると思います。13の「どんな動作でも、手間をかけた手づくり作品」（七八頁）で書きましたように、倒れてもケガをしない動作といっても、学習によって神経に電気が走るルートができて初めて動作ができるわけです。私はこれが大きな変化をきたしているのではないかと思っています。

骨折をしますと、骨はただちに自分自身でその部分を治しにかかります。ひびが入れば、その骨の外側の膜（骨膜）が急に働き始めて、そのひびを埋めてしまおうとします。離れた骨は接着剤のような骨の組織をつくって、もとのようにくっつこうとします。このように骨は案外と変化に適応できるのです。脳神経のように、一度こわれたらもう回復がむずかしいのとは、まったく違うわけです。

骨折ではありませんが、脚の股から足首までの内側の形が、Oの形になったり、Xの形になったりします。体育館にある全身用の鏡で映して、観察してみてください。この形は、はいている靴によってかわってきます。足の底のかたむきがかわってくるからです。新しい靴もはいているうちに、靴底のすり減る部分が人によって違ってくるでしょう。O形の人は外側が、X形の人は内側が減りがちです。腕だって少し曲がったりします。

昔、中国では足の小さな人が美人だといわれた時代がありましたので、女の子を産んだお母さんは、足を包帯でぐるぐる巻きにして、足が大きくならないようにして育てました。そして成長しきるまでは、いく度も巻き直してしめつけました。骨が発達する年齢が過ぎるまで、巻きつけていたということです。すると大人になっても小さな赤ちゃんのような足をしていて、それが家族や本人の誇りだったようです。それをてんそくといいますが、これも人工的に骨の発達を抑えてしまったものです。そのように、骨は割合やわらかい性質を持っているものなのです。

骨折をしたあとなどは、十分に治療を受けて、早くからリハビリテーションをして、骨をよい形に整え、不自由なく動くようになるようにつとめましょう。

最近はほとんどみられなくなりましたが、昔、バレーボールやバスケットボールのクラブへ入っていたとおっしゃる方がいたら小指をみせてもらいましょう。二〇人に一人くらいは、手の小指を曲げようにも、自分の意思では曲がらない方がおられるものです。これはたぶん、骨折をしていたのを知らずに「つき指くらいたいしたことはない」とほうっておいた結果だと思われます。つき指なども、ばかにしないで三日も痛みが続いたり、はれがひかなかったら、早目に整形外科の医師の診断と治療を受けることが大切です。骨にはこのような性質があるのを知り、注意しながら、スポーツを大いに楽しみましょう。

18 機械は省エネ、人は無駄エネ

―体重よりからだの脂肪の率に注目―

最近、まわりにずいぶんと太った人達が増えてきました。見た目にも、全身がでっぷりと太っていて、町をゆっくりと歩いていたり、車に乗ったりしています。中年の男と女の体型の差はなくなりつつあります。大人ばかりでなく、みなさんと同じ年齢の同級生にも、クラスに一人ぐらいはいることでしょう。

私達がみなさんの年齢ぐらいの時には、食べる物がなくて、ひもじい思いをずっと続けていたせいでしょうか、この年代の人々には、あまり肥満タイプの人はみられません。敗戦後、しだいに食糧がよくなって、現在のように、食べ物があふれるようにお店に並ぶようになってから、肥満がしだいに増えてきたようです。

太った人の大半は脂肪によって体重を増やしています。特に皮膚の下に脂肪がたまる型が大

半です。もともと人間のからだは、よく動かすところの皮膚が、たるませてありますから、そこに脂肪がたまりやすくなります。たとえば、首はぐるぐるまわすことができるように、皮膚にたるみがあって、動かしても引っ張られないようになっています。そこに目をつけた脂肪は、首に集まってきます。みなさんも、首に大きなくぼみの輪ができている人をみたことがあるでしょう。また、胴体と足をつないでいる股《また》の関節の部分も、引っ張られてもいいように、やわらかい皮膚になっています。そこへも脂肪は集まってきますから、お尻から大腿《だいたい》にかけてずいぶん脂肪が多くなります。

お父さんやお母さんの年齢になると、お腹にもたまります。胸や肩は下に骨があったりするので、脂肪がついてもたいした量ではありませんが、お腹はやわらかい内臓しかありませんから、そこにどんどんついて、しかも外側に張り出していきます。太鼓腹というのも聞いたことがあるでしょう。

栄養の悪い頃には、太鼓腹も健康な証拠でした。七福神の中の、布袋をかついだ和尚《おしょう》――ほていさんは、おへそをつき出しているでしょう。このように太っていることは大変よいことであったのです。

人々は赤ちゃんをみると、まるまる太っているとほめていました。お母さんもそれを自慢にして喜んで聞いていたのです。ところが、最近はどうでしょうか。あまり太っているとも思えないのに、「もっとやせたいわ」と思っている人がなんと多いことでしょうか。

太り気味なことも少し神経質になりすぎているところさえあります。多くの人はそんなに太っていないのですが、太ってくるといろいろな障害が出ることがわかり出したので、少し神経質になりすぎるくらい肥満のことを気にし始めたのでしょう。

あるいは、女の人ですと、美しいという感覚の条件には、やせているということが必要なことだと思っているのでしょうか。それとも太った美人はいないとでもいうのでしょうか。やせるのが現代では流行しているようです。女の人にやせたいという希望が特に多いようです。

流行だといいましたが、時代によって、美人の基準もずいぶんかわるようです。少し昔の美人画というのをみてみますと、ぽっちゃりとした少し太めの人が描かれています。古代でも樹下美人のような例がありますから、今後いつ太めの人が美人になるかわかりません。もしそうなれば、今、必死の思いで（実際に、やせようと思って減食しているうちに、食べられなくなり死んだ人がいます）やせようとしている人達は、今度は太ることに精を出すのでしょうか。

このように時代で美人の基準がかわるのは、その時代の食糧事情とも関係がありそうです。食べ物が豊かな時代には太ってくるのが普通ですから、やせているのが稀少《きしょう》価値だからでしょう。食べ物が不足している時は、やせているのが普通ですので、太っていることに価値があるのでしょう。そうすると、今後、輸入されている食糧が急に減ってきて、国内の生産量の回復がまにあわず、食糧がないという時代になると、太っていることが美人の基準になることでしょう。

体重が多いから、肥満というわけではありません。そんなことになれば、お相撲さんなどは全員が肥満です。からだの形が肥満で、しかも、階段を登るのがつらかったり、ハイキングですぐにへばったり、身軽な動きがみられなくなってくると問題です。

体重は極端にいえば何キログラムでもいいのです。それよりは、体重の内、何パーセントが脂肪かということが問題なのです。

体の成分のうち、脂肪のしめる率（体脂肪率）を測定する方法には主なものが三つあります。一つ目は、正確に測定できる方法で、体全体を水中に沈めて比重を算出し、計算します。二つ目は、皮膚の下にある脂肪の厚さを測って計算する方法です。三つ目として、最近は、水分の多い物質は電気を通しやすく、抵抗が小さい性質を利用して、体に弱い電気を通して測定するインピーダンス法が一般的になりました。これらの方法で出てきた体脂肪率が中学～高校生の男子で二〇パーセント、女子で二五～三〇パーセントをこえていれば、軽い肥満傾向を示しています。

私の体重はここ四〇年間は、六三キログラムから六八キログラムの間を上下しています（身長は一七三センチメートルです）。そして、私のからだの脂肪のしめる割合は一二パーセントと出ましたので、肥満のパーセントの線である二〇パーセントには余裕があります。

脂肪の量を計算してみますと、

六五キログラム×一二パーセント＝七・八キログラム

となり、体重六五キログラムのうち、七・八キログラムが脂肪の量なのです。

脂肪が身体の中にたくさんたまってきますと、いろいろな働きをします。それにはよい働きと悪い働きがあります。よい働きは、寒さなどがあまり苦にならないことです。六月の頃、冷たい水で水泳をしても割合へっちゃらです。

そのようなよい面もありますが、反対に、都合の悪い面も多くあります。一つをあげると、永い間かかって、血管が少しずつ硬くなってくるのです。そのために血液が通りにくくなって、心臓の筋肉に血液が不足する病気を起こしたりします。あるいは、脳の血管が硬くなると、血圧が高くなり、その高くなった血圧で、脳内の血管を破ってしまうということも起こります。そうすると命にかかわりますから大変です。このように病気と関係が深いということがわかってきましたから、肥満をなくそうと、いろいろなことが行われています。

それには、まず第一に、からだに入れる食物を整理してみようという運動があります。砂糖のたくさん溶けている清涼飲料水を飲みすぎないようにしようとか、おやつを食べすぎないようにしようとよびかけています。清涼飲料水やおやつは、できるだけ控えて、三度の食事をきちっとするということもすすめています。

次に、運動不足が肥満になる原因です。歩いたって十分ぐらいの短い距離なのに、バス等の乗物に五分も待って乗っていませんか。待つより歩いてみましょう。車、バス、電車などの乗物に乗ったら、降りてからは必ず意識的に歩く、ということを心がけておいてください。運動不足がやはり大きな肥満の原因なのです。

エネルギーとなる食べる量と、エネルギーとして使う運動量とがバランスをくずして、食べる方がどんどん多くなってきているのが現代の経済先進国の社会です。食べる量と、使う運動量とを地球全体でみわたしてみますと、すぐに気がつくのは、アフリカの人々の食べ物が大変不足していることです。ぜいたくに食べ物を残すほどの食事をしながら、しかも食べ物をとりすぎている私達と、食べ物がなくて、ガリガリにやせているアフリカの友達のことを思うと、心が痛みます。さらに、子供達は、食べ物がなくて死んでいっているというニュースを聞くと、やはり、考えなければならない点があります。

これからの、新しい栄養や運動の考えでは、実際にエネルギーとして使う分だけ、食べる時代にかわっていくことになると思います。

現代の日本では、今までにないほど、でんぷんとたんぱく質を食べる時代を迎えています。その結果、身長が伸びたり、肥満になる人が増えてきたわけです。食べ物を一気に減らすことはむずかしいですが、じょじょに、使うエネルギー分だけ食べるように調節し、現代では食べる量が多すぎるわけですから、人々は自分の身体に持っているエネルギーを大いに使うという方向になっていくことでしょう。

そして、現在だけでなく将来においても、機械も人も省エネでなければならないと思います。

今でも、休みはゴロ寝ですごす人もいると思います。しかし、そのような人は減っています。食べる物がなくて、お腹がへってへってたまらなかった時代、少しでもエネルギーを無駄にしないように、寝ることによって使うエネルギーを抑えていた時代に生きてこられた人が減ってきたわけです。昔の日本人にゴロ寝が多かったというのもそういった理由が背後にひそんでいたのです。

食べ物が豊富な時代にすごしているみなさんはせいぜい外へ出て身体を動かし、エネルギーを使うことが、心臓や血管を悪くする生活習慣病にならないための、今からできる予防策なのです。

19 運動するとからだが熱くなるのはどうしてか
―エアロビックスって―

冬の寒い日でも、運動を続けていると、からだがあたたかくなり汗ばむことがありますね。運動するとからだが熱くなるのは、どうしてでしょうか。

運動する時は、手足や腰など、からだの大部分が動きますね。このように、からだの各部分が動くのは、骨と骨をつないでいる関節があり、さらに、関節にまたがった筋肉がついていて、大脳のプログラムによって運動に必要な部分が動いているからなのです。

それでは、筋肉がどうなれば関節が動くかといえば、筋肉が縮むと関節が動きます。この筋肉が縮むことを、筋が収縮するといいます。もっと別ないい方をすれば、筋肉が短くなるということです。このような筋肉は骨についているので、一般にその筋肉のことを骨格筋とよんでいます。

運動してからだが熱く感じるのは、骨格筋が収縮する時に熱を発生するからです。前おきが少し長くなりましたが、本題のからだが熱くなる理由の説明に入りましょう。

筋肉が動く時に熱が発生しますが、この熱の発生のし方には段階があります。まず第一段階は、酸素がなくても熱が発生する無酸素的な働きです。これは、筋肉が短くなり始めるとすぐに起こる短い間の熱発生です。この期間ではまだからだは熱く感じません。

第二の段階は、酸素がなくては起こらない有酸素的な働きで、運動を続けて行うことができる熱発生の仕組みです。この第二の段階の有酸素の運動のことを「エアロビックス」といいます。たとえば、エアロビック体操とかいっているものです。

運動してからだが熱く感じるようになるのは、酸素がたくさんいる第二段階になってからです。この段階では、呼吸活動が普通に生活している時に比べて、ずっとはげしくなっています。筋肉をはげしく動かすために酸素がたくさん必要だからですね（表は運動とエネルギーの関係です）。

いろいろな運動のメット

（Pollockら、1978）

運動の種類		メット
歩行	3 km／時	2
	4 〃	2.5
ランニング	9 km／時	8.5
	10 〃	10
自転車		3 ～ 8
水泳		4 ～ 8
バレーボール		3 ～ 6
サッカー		5 ～ 12
釣り		2 ～ 4
美容体操		3 ～ 8
ボウリング		2 ～ 4

※基礎代謝：生命を維持するために必要な最小限度のエネルギー。
※安静代謝：椅子に腰かけて静かにしている時のエネルギー。
※運動代謝：運動して安静代謝以上に必要なエネルギー。最高10倍ぐらいまで増加する。
※メット　：運動の強さを安静時に対する倍率で表す指数。
1メットは安静時に毎分消費される酸素の量。
平均時には毎分体重1kgあたり3.5ml
（3.5ml／kg／分）である。
したがって、体重60kgの人にとって、1メットは、
3.5 ml／kg／分×60kg＝210ml／分

運動をするためには、体内でそのエネルギーをつくっている骨格筋が収縮します。この骨格筋の収縮が、外からみると運動している状態ですね。

体内では大量の酸素をとりいれて、グリコーゲンを燃焼させています。発生した熱を全部筋肉を動かすエ

ネルギーにかえるわけではありません。かえられるのはつくった熱の三〇パーセントぐらいで、あとの七〇パーセントの熱は捨てなくてはなりません。最初は捨てる熱がしだいにたまって体温を上げていきます。するとからだが熱く感じるようになるのです。体温が上がりすぎると細胞がこわされるなどの異常が起こるので、からだから熱を外へほうり出さなくてはなりません。その最もよい方法は汗をかくことです。運動すると汗が出るのは、汗を出してからだを冷やしているのです。もし、夏暑い中で運動していて、出ていた汗が出なくなり、皮膚が乾くようなことになれば、大変です。どんどんからだに熱がたまって日射病や熱中症になってしまって、ひどい時には死んでしまうことさえあります。それを予防するには、冷たい水を飲んで、汗をどんどん出してやります。運動が続けられるのは、以上のようなからだの自動的な調節活動と意識的な水を飲むという行動があるからなのです。

参考文献

青木純一郎『健康な身体』（スポーツ全集11）ポプラ社、一九七六。

青木純一郎他『C級スポーツ指導員教本』日本体育協会、一九九一。

20

一〇〇メートルを、全力で走っている時、呼吸をしているでしょうか

―アネロビックスって―


　みなさんのだれもが、何回か五〇メートル走とか、一〇〇メートル走を経験していると思います。が、全力で走っている時の呼吸のことが、記憶にのこっていますか。おそらくのこっていないと思います。しかし、走ったあとで気分が悪くなったり、はげしい呼吸をしたおぼえはきっとあるでしょう。

　ここでは、短距離走と呼吸の関係が、どのようになっているかを考えてみたいのです。人間にとって、呼吸は最も大切なものの一つです。呼吸停止というのは死への第一歩ですから。

　では、呼吸運動は、どんな役目をはたしているのでしょうかと問われたら、みなさんは、どのように返答しますか？　むずかしく考えたら、いろいろとあると思いますが、一番根本的な

ことといえばなんでしょう。

わかりきったことですが、呼吸運動は、酸素を体内に取り入れ二酸化炭素を体外に出す働きをしているのです。

酸素は、人間のからだの各器官が、その働きを続けていくためにどうしても必要なものです。みなさんは、からだの中で、酸素を一番必要としているところはどこか知っていますか。

それは大脳なのです。大脳にある毛細血管を全部つなぐと一二〇〇キロメートルぐらいあるそうです。この毛細血管が、大脳の活動を支えています。しかし、大脳では、酸素を貯えることができないので、血液で運ばれてくる酸素に、全面的にたよっています。だから、何かの原因で脳に来る血液が止まると、たちまちその影響が出ます。ほんの六～七秒血液が止まるだけで、健康な人でも失神状態になります。そして、五分も酸素不足が続くと、脳の細胞がこわされます。また、心臓も酸素不足に弱く、数秒間の酸素不足でまいってしまいます。今まで元気にしていた人が、急に気分が悪くなり死亡するという心臓の病気などがこの例です。

このように、大脳や心臓は、呼吸運動ととても密接な関係にあります。呼吸運動は、命そのものとかかわった作用なのです。しかし、筋肉は酸素不足に対して、脳や心臓より比較的よく耐えることができます。筋肉は酸素が不足しても、酸素に代わってエネルギーを発生させる仕組みをそなえているのです。短距離走の場合、この仕組みが働く間は酸素なしで全力疾走ができるのです。といっても、三〇秒間ぐらいなので、全力で走れる距離は、一〇〇メートルぐらいになるのです。したがって、一〇〇メートル全力疾走の間は呼吸をしていないことになり、また、走っている途中では、呼吸のこともほとんど気にならないわけです。

しかし、全力疾走というのは、からだにとって大変な運動なので、非常にたくさんのエネルギーがいります。だから酸素を必要としないエネルギーの分だけでは、とうていまにあいませんので、走ったあとで不足している酸素を補うことになるのです。このようにあとで補う酸素の量のことを「酸素負債」とよんでいます。そして酸素を必要としないで大きなエネルギーを発揮するシステムのことを「アネロビックス」といいます。

人によって「酸素負債」の能力は違っています。最大の酸素負債能力が高い人は、限られた時間にたくさんのエネルギーを発生させることができるので、速く走るのに有利だといえます。だから、短距離走の選手は、酸素負債の能力を高めるために苦しいトレーニングを毎日繰り返しているのです。

「酸素負債」というのは、たとえてみれば、酸素を「借金」したようなものだということがわかったのではないかと思います。この「借金」が、走ったあとに呼吸がはげしくなったり、気分が悪くなったりする原因になるのです。このようにして不足した酸素を補って、体の調子を整えていくのですね。からだは、考えれば考えるほどよくできていると思います。

みなさんも、自分のからだに関心を持てば、からだがいかにうまくできているかがわかり、興味がますますわくことになりますよ。

21 クラウチング・スタートは本当に速く出られるの

―う呑《の》みではダメ―

澄みきった青空のもと、号砲一発でいっせいにスタート。短距離走が始まるといえば、運動会を連想する人も多いことでしょう。

それほど、五〇メートル走や一〇〇走などの短距離走は、運動会を代表する種目ではないかと思います。ここでは、この短距離走のスタートのし方について考えてみましょう。

というのは、五〇メートル走にしても一〇〇メートル走にしても、スタートのし方はほとんどの場合クラウチング・スタート（腰をおろして、足を曲げて前後に開き、両手はスタート・ラインのすぐ手前についた姿勢からのスタート）です。なぜクラウチング・スタートでやるのでしょうか、なぜスタンディング・スタート（立った姿勢からのスタート）ではいけないのでしょうか？　みなさんはどう思いますか？　答えははっきりしています。クラウチング・スタート

の方がスタンディング・スタートより速くスタートできることがわかっているからです。
ここに、第一回オリンピックのアテネ大会（一八九六年）での一〇〇メートル走決勝のスタートの写真があります（写真参照）。今から一〇〇年以上前の陸上競技におけるスタートの様子です。
写真では、左から二番目のバーク選手だけがクラウチング・スタートを試みています。写真をもう少しくわしくみると、このアメリカの選手の前足がスタートラインのところにあり、地面に足を入れる穴も掘っていないし、スターティング・ブロック（足で後ろに押す時に支えになる用具）も使用していません。この選手はすばやいスタートができるのでしょうか？

前足の位置からすれば、勢いよく前に出るようなけり方はできにくいと思います。みなさんもちょっと試してみてください。私が試した感じでは後ろへ強くはけれないし、前にも出られなくて立ち上がるようになりました。みなさんも同じような感じではなかったかと思います。写真のような方法であれば、むしろスタンディング・スタートの方がスタートしやすいのではないでしょうか。（結局、バーク選手が一二秒〇で優勝しましたが。）

この選手の場合はクラウチング・スタートの様式が開発され始めた初期のものですから、足の位置などに問題はあるのですが、それは別にして今もこの初期の頃のやり方がのこっているのではないかと思うのです。表面的にはクラウチング・スタートを採用する場合はスターティング・ブロックを使用するか、穴を掘るかして後ろへ強くけれるようにしないといけないことは知っていると思いますが、どうも体育の授業での取り上げ方には、不十分な点がありそうです。したがってここでは、クラウチング・スタートの特徴と人間のからだの関係を説明し、みなさんが、効果的なクラウチング・スタートができるようになってほしいと思っています。

そこで、運動会でのスタートのし方にもどりますが、写真をよくみてください。当時のアメリカ選手のスタートのし方は、みなさんが運動会でしているスタートのし方と似ていませんか。

別ないい方をすれば、現在の学校でみられる運動会のスタートのし方は一〇〇年以上前の方

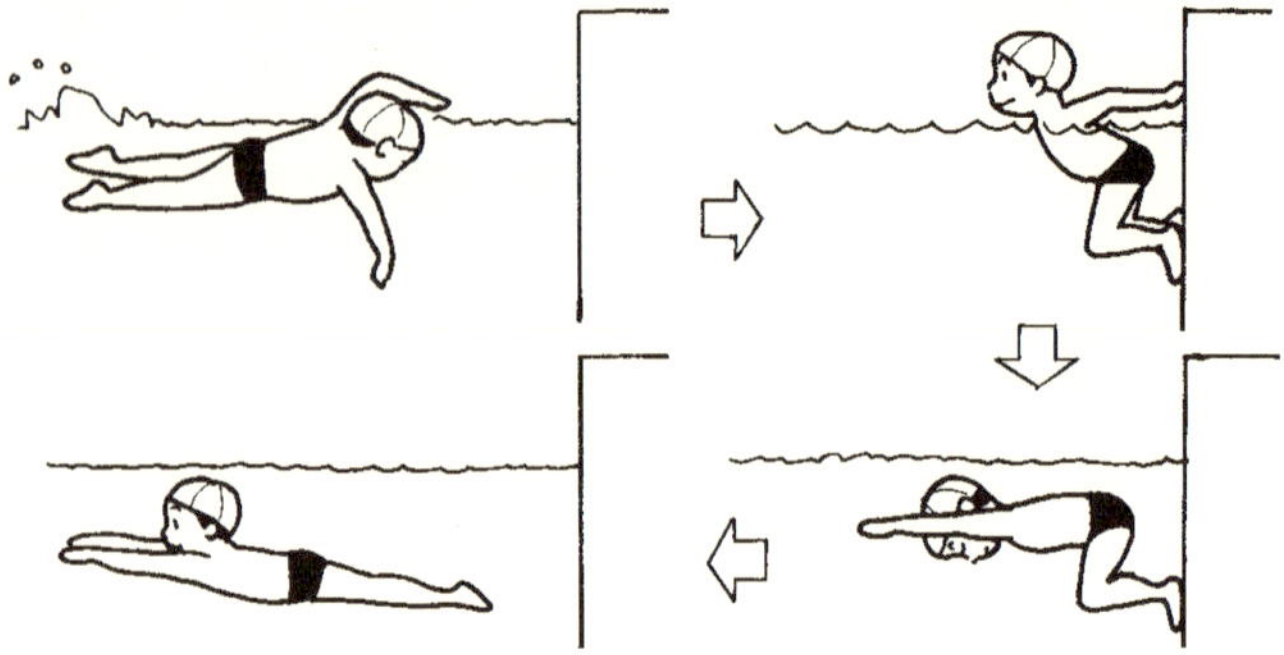

法とあまりかわっていないのではないでしょうか。だとしたら、これは、私達体育の教師の責任だと思います。そこで、反省の気持ちをこめて、改めてクラウチング・スタートの特徴を考えてみましょう。陸上のことですが、水泳を例にして考えてみます。

水泳のターンの時、プールの壁を足で強くけって、その反動で推進力がつき前進することはよく知っていますね。これと同じ原理でスタートをしようと考え出されたのがクラウチング・スタートなのです。しかし、陸上では水中と違って体が立った姿勢で移動するので、それに役立つ特別なスタート姿勢をつくる必要があったと思います。それで考え出されたのがクラウチング・スタートの要領ですね。したがって、これには条件があります。その一つがプールの壁の部分にあたるスターティング・ブロックという用具です。

この壁を使うか、それとも穴でも掘るかしなければ、後方へ

強くけっても足が滑って力が集中しません。もう一つは、腰をおとして足を曲げ、力をためることです。これは力強く足でブロックという壁をけるための準備になるのです。

この意味がわかったでしょうか。たとえば、「気をつけ」の姿勢から跳躍はできますか。できませんね。それではどうするかといえば、足を開いて膝を曲げ、腰を少しおろしますね。次に、その姿勢から地面を強くけって跳び上がりますね。立って足を伸ばしたままでは跳べないように、運動するには筋肉を緊張させたり解緊（ゆるめること）したりしなければならない仕組みになっているのです。強い運動をしようと思えば筋肉をゆるめて力をためないといけません。関節を曲げるのは筋肉をゆるめる方法の一つです。もちろん気持ちの持ち方や呼吸のし方も関係します。

そこで、クラウチング・スタートのやり方は力強く後ろへけるための壁を用意し、その力が瞬時に発揮できるように腰をさげて力をためるようにするのです。だからこの特徴を発揮できるやり方をしなければ意味がないのです。どうですか、みなさんクラウチング・スタートの特徴が理解できましたか。

ここで、私が述べたかったことは、あるやり方がよい方法だといわれて、その中味をよく考えないで形だけを物まねしても、失敗することがあるということです。

次に短距離走に出会った時はこのことを思い出して、せいいっぱいのすばらしいスタート・ダッシュができるように走ってください、期待しています。

参考文献

『オリンピックと日本スポーツ史』日本体育協会、一九五二。

22 自己流は絶対に損をする
―何事も合理的に―

私は、平泳ぎは得意ですが、クロールは非常に苦手です。しかしクロールにひかれ、やりたくてしかたありませんでした。でも、七〇歳の現在までその夢は達成できていません。そのわけはこうです。私（橋本）の故郷は徳島県の池田町です。このように紹介しても、多くの人にはピンとこないでしょうが、甲子園で活躍した池田高校のあるところといえば、ああそうかと思う人もいることでしょう。

その池田町の北側を四国三郎という別名を持つ吉野川が流れています。

私達の子供の頃は、この川が子供達の遊び場であり、水泳の場所になっていました。川原は広く、川幅も一〇〇メートルくらいあったので、いろいろな遊びができる絶好の場所でした。

しかし、現在では、上流にダムができたり、生活廃水等で水質が悪くなったり、その他の原因

もあって、水泳禁止になっています。現在はともかく、当時は清流であったこの川が体育の学習の場としてほとんど利用されなかったことは残念ですが、戦時下であった当時の事情や学校と川との距離等を考えると、利用するのは無理だったのでしょう。

それでは、体育の授業での水泳はどうだったかというと、現在のようにどこの学校にもプールがあるというわけではなかったのです。だから子供たちは放課後や休日等に仲間や家の人といっしょに吉野川に遊びにいきました。

自己流の泳法しか育たなかった原因がこのへんにあるのです。子供たちは上級生や同級生、親、兄弟等の中で泳法を知っている人に教わるか、その人の泳ぎをみて覚えるかのどちらかなのです。合理的な正しい泳ぎ方など身につくはずがないし、また、本人達も、泳げればよいという気持ちしかなかったのです。

私の場合はどうであったのかといえば、水泳を一番熱心に練習した時代は、小学校三年生から五年生の頃でした。そのあとは、ほとんどしていません。泳ぎがいつからできだしたか記憶になく、気がついた時には平泳ぎができていたのです。この平泳ぎができるようになったきっかけは父親の影響だと思います。自分の背丈より深いところに連れていかれ、泳ぎの手ほどきを受けたことを断片的に思い出します。おそらく、この時に平泳ぎを習ったのでしょう。というのは、父が泳いでいたのが平泳ぎだったからです。

からだの発達の様子から考えると、技術を覚えるのに最も関係しているのは神経の組織ですね。この神経の網に電気の走るルートが一番発達する時期に体験した泳ぎが、平泳ぎであったのです。それに対して、クロールの練習はほとんどしませんでした。

現在は、保育園・幼稚園、小学校、中学校、高等学校と水泳の授業が必ずありますね。そして、それぞれの種目について正しい泳ぎ方が指導されるようになっています。このように水泳の指導を受けるチャンスが与えられていれば、私もクロールができたと思います。しかし、小さい時にクロールの練習をせず、気がついてクロールに挑戦し始めたのが大人になってからなので、いろいろ制約があったわけです。だから今でも自分が望むようなクロールはできません。

「鉄は熱いうちに鍛《う》て」ということわざがありますね。私にとっては、このことわざがそうしなかった後悔の言葉として響いてきます。恵まれた環境にある現在のみなさんは、学校での水泳の時間を最大限に利用し、正しい泳ぎ方ができるように努力してみてください。自己流でなく、リズミカルに美しいフォームで水泳が楽しめるように「今」を大切に学習してほしいものです。

Ⅱ 水と運動

23

歩けない赤ちゃんが、水泳の名手

—泳げない人はいない—

みなさんはテレビなどで赤ちゃんが泳いでいるのをみたことがありますか。まだ生まれて数カ月しかたっていない赤ちゃんが、歩けないのに泳いでいる映像です。ちゃんと手足を動かし、そして目を開けて泳いでいるのです。息も水の中にいる時はぶくぶく泡を立て、水面の上に浮かんだ時に息を吸って、また潜っています。速く泳いでいるとか、かっこよくクロールをしているとかいったような泳ぎでは決してありませんが、けっこう自由に身体を動かし、浮かんだり、潜ったり、水に対する恐怖心など持っていないようにみえます。

この赤ちゃん水泳は、ヨーロッパで始まったと聞きましたが、赤ちゃんの健康のために、赤ちゃんのできる運動として、水泳が選ばれたようです。まだしゃべることはできず、こちらが指示することもわからないわけですから、泳ぐということを、みなさんに教えるように、言葉

や動作で教えるわけにはいかないのです。
しかし、赤ちゃんが泳げるのではないかということは、こんなことからわかってきました。
みなさんは頭の中とか心臓とか足とかを輪切りにした画面をどこかでみたことがあるでしょう。以前なら解剖で足を切ってみてその断面をみて、「なるほど、まん中に骨があるのか」「神経はここにあるのか」「筋肉がそのまわりについている」というふうに目でみて確認しなければわからなかったわけです。ましてや、頭の中などのことは、生きている人のものを調べるわけにはいきませんでした。しかし、生きている人の頭の中を切らないでみることができればよいのだがとか、心臓の動きを患者さんに苦痛を与えないでみることができないだろうかという気持ちがしだいに強くなり、ついに、コンピューターの発達を待って、その願いを可能にする機械ができてきました。コンピューテッド・トモグラフィ（CT）とよばれて、大きな病院には設置されています。

そのCTでお腹の中にいる赤ちゃんをみていると、いろいろなことがわかってきました。たとえば、早くから指を吸っています。これは生まれ出てからおっぱいを吸う練習を、お腹の中にいる間にしているわけです。おっぱいが吸えるのは、決して本能ではありません。

お母さんのお腹の中には、水のようなものがあって、その中に赤ちゃんが背中をまるめて入っています。赤ちゃんは自分自身の筋肉をつけるために、ときどき足を伸ばしたり、手を伸ばしたりして、お母さんのお腹を蹴ったり押したりしています。これはその力を利用して筋肉や骨をつくっているわけです。（16の「月を歩いた宇宙飛行士が、地上でなぜ歩けなかったのか」（九八頁）を参照）。

よくみますと、自分のまわりの水を口の中に入れて、飲み込んだりしています。あるいは、眼をつぶらに開けて、こちらをみているような目つきをします。

さらに驚いたことには、お母さんの声が聞こえるらしくて、お母さんがやさしく話すと気持ちよさそうな顔や動作をしていますし、怒ったような気持ちで言葉を出しますと、赤ちゃんもまたびっくりして身を縮めるような動きをしています。

そのようにCTは、以前はみることができなかったからだの中のことを、そのままみせてくれますから、しだいに赤ちゃんの様子がわかってきました。そんなことから、お母さんのお腹にある水のことを羊水《ようすい》といいますが、羊水の中でできることはプールの水の中でもできるというふうに考えて、赤ちゃんを水の中へ入れたところ、気持ちよさそうに、浮いたり、手足を動かしたりしたというわけです。羊水につかっていたころの状態を忘れないでしっかり覚えていたのでしょう。

私達は、生まれるとすぐにお風呂に入れてもらいますが、ずいぶん注意をして入れてもらっています。私も、三番目の子供のお風呂は生まれた時からずっと抱いて入れていました。お風呂に入れる時には私の手のひらに赤ちゃんの頭をすっぽりと入れて、指で耳の穴にふたをし、口から湯を飲み込ませないように浮かせて、顔や首を洗い始めて、全身を洗っていましたが、そのまま手を離して泳がせるということは考えもしませんでした。

もし、そんなことをしたら、たちまちおぼれて、死んでしまうと思っていたわけです。とところが泳げるのですね。コロンブスの卵です。もちろん、そのまま手を離せばいいというわけではありません。離しさえすれば泳ぐというわけではありませんから、くれぐれも注意してください。

普通、赤ちゃんの時代には泳げるとは思っていないわけですから、われわれはまず、ねがえり、ハイハイ、つかまり立ち、ときて歩けるようになるというのが、運動能力の発達だと思い込んでいます。幼稚園に行くようになっても、普通はまだ泳げないものだと思いがちです。けれども、赤ちゃん時代でも泳げるわけですから、人間がせっかく持っている力を使わないために泳げなくなってしまう期間を、わざわざつくっているのかもしれません。今に、泳ぐ指導の考え方とその方法に大変革が起こると予想しています。それはだれが起こすのでしょうか。君かもしれません。だれでもお母さんのお腹の中では泳いでいたわけですから、学校の体育の授業で、今泳げない人も悲観することなく、何度もフォームをみてもらい、手をとって指導してもらえばできるようになるはずです。

なぜなら、脳の中には赤ちゃんの時のプログラムが保存されているのです。もちろんクロールや平泳ぎそのものではありませんが、浮いたり、能率よくからだを動かしたりする基本的な点は、それで十分役に立つと思います。今のうちに泳げるようになっておけば、楽しい海水浴にも参加ができ、楽しみがまた一つ増えることになるでしょう。

24 ぜんそくは水泳で治そう

―ぜんそく予防運動を準備運動の前に―

みなさんの中には、ぜんそくが起こって大変苦しい思いをした人や、現に今、ぜんそくの発作がときおり起こり、苦しんでいる人もいると思います。

夜中に目がさめると、急にゼーゼーと呼吸が苦しく、そしてのどからイヤな音をたてながら苦しんだりしていますから、思い出すのもイヤだと感じていることでしょう。

そのぜんそくが水泳によってじょじょによくなるということが経験的にわかってきました。現にぜんそく持ちの人で水泳のオリンピックの選手になった人もいるくらいです。カナダのモントリオールでのオリンピック（一九七六年）の時に、五歳からぜんそく持ちだった東ドイツ（当時）のエンダーという選手は、金メダルを五つもとったということです。私の教えた学生の中にもぜんそくで苦しんでいた時に、小学校の体育を教えてくださった先生から水泳をすす

められ、それによってぜんそくも治り、クラブの楽しさを知り、とうとう水泳の選手になり、香川県の県記録を出したという人がいました。

ぜんそくはじっとすわっている時よりも、運動をし始めると、それに誘われるようにして起こるようです。身体を動かすことによって酸素がたくさん必要になりますから、酸素をとるために呼吸する量が多くなります。呼吸の量が多くなったところへ、気管の枝がけいれんして、空気の通り道がせまくなっているので、空気が通りにくくなり、出ていく時はいいのですが、吸い込む時にヒューヒューと音が出るのです。

なぜ、気管がけいれんするのかは、全部わかっているわけではありませんが、アレルギー説が有力です。アレルギーを引き起こす原因は、ほこりの場合もありますし、食べ物の場合もあるようです。ぜんそくを持っている人が水泳をすると少しいいのは、プールにはほこりが少ないということもあるようです。水の面積が大きく、衣類もわずかしかつけていませんし、それも水にぬれていますから、ほこりもあまり出ません。湿気もたくさんありますし、身体が冷やされます。さらに、水泳ではリズミカルな呼吸をしますから、ぜんそくが起こりにくくなるのだと思われます。

ぜんそくは大昔の人々にはあまり起こりませんでした。近代社会になって工場ができたり、木が切られたり、畑がつぶされたり、加工食品が増えたり、人口がじょじょに増加するにつれて、ぜんそくが増えてきているようです。

そのぜんそくのうち、何割かは自分の努力で治すことができるとしたら、まずそれに挑戦してみたらどうでしょうか。その努力の一つに水泳を加えて、水泳中はいつもぜんそくが起こらないんだという気持ちで水泳をしてみてください。

またグラウンドでの体育の授業で、授業中にぜんそくが起こった経験のある人でも、すぐ休んで見学するという消極的な態度ではなくて、次のような態度を試みてください。

グラウンドや体育館にはできるだけ友達より早く出ていきます。そうして授業の始まる二分でも五分でも前から軽い運動を始めます。友達はまだ着替えたりおしゃべりをしているかもしれませんが、あなたは軽く走ったりからだを曲げたり筋肉を伸ばしたりして、また軽く走ります。しゃべることのできる程度の速さでいいのです。友達がいっしょに走ってくれるのならその友達とおしゃべりをしながら走ります。一人なら何をぶつぶついっていてもいいですから、その程度の運動をして、他の人より早くからだを運動の刺激になれさせておきます。そして先生にからだの力をぬいた体操を教えてもらって、それができるようにゆっくり深く息をしながら、肩の力などをぬいてまた走ってみます。そして、走る時も力をぬいた走り方になってくればしめたものです。

そのようにして友達より少し早目に準備運動を始めることによって、全員がいっしょになってする準備運動の時には、あなたはその運動を軽く感じるようになっているはずです。軽いぜんそくのうちなら発作が起こってくるのを抑える役目をすることになります。一度試みてください。

25 一〇歳・四〇歳は水泳の練習効果バツグン年齢

―水泳は水遊びから―

泳げるようになる年齢というのは、23の「歩けない赤ちゃんが、水泳の名手」（一三八頁）で書いたように、正確には赤ちゃんの年齢かもしれません。ここではプールでクロールとか平泳ぎとか背泳で、二五メートルから五〇メートルほど泳げるようになる時の年齢ということにしておきますと、それはほぼ一〇歳前後に集中しています。

私も一一歳の時に初めて「ああ、泳いでいる」という感じになり、その夏に平泳ぎでなら自由に長い距離でも長時間でも泳げるようになりました。

このように水泳を始めるのにいい年齢がありそうですが、決して一〇歳より早くに泳げるようになったからいいとか、一〇歳より遅いから悪いとかいうのではありません。

泳ぎを覚えておくと大変楽しい思い出もできるものです。

私は夏になると父親に連れられて琵琶湖の浜に泳ぎにいきました。松林の中にシートを張って日陰をつくり、松ボックリを燃料にして持ってきた飯ごうでごはんを炊きました。そして泳ぎ疲れたら、熱くなっている浜辺の砂浜でからだをあたため、しばらくしたら、また泳ぎました。このように水遊びを一日中して、日がかげり寒くなるまで遊んでから帰ったものです。

小学校に入ると、友達といっしょに川へも用水池にも水遊びにいきました。そして、まずどんな深いところでも泳げるようになった一一歳の夏、少し大人に近づいたような気がして、大変うれしかったことが、印象に残っています。

海外へ出かける時には、いつも水泳パンツを入れておきます。流れるインダス川でも、ライン川でも、アマゾン川でも泳ぎましたし、波静かなフィンランドのパイエンネ湖でも、富士山より高いボリビアのチチカカ湖でも泳ぎました。それぞれに楽しい思い出があります。でもまだ西アジアのカスピ海やアフリカのビクトリア湖では泳いでいませんから、いつか泳いでみたいという夢を持っています。夢を持ち続けておれば、いずれ実現するというのが、楽天家の私の考え方です。

どうして一〇歳前後に泳げるようになるのかについては、はっきりしたことはわかりません。腕を曲げたり伸ばしたりする筋肉は別々なのですが、その両者の筋肉バランス、それに加えてからだの前後の筋肉のバランス、こういったものがほぼ完成する年齢だというのが一つです。それにこの年齢のからだつきが水の抵抗を小さくしているからだと私は考えています。そうだとすると、筋肉の出すエネルギーが前進する力にかえられる率がしだいに高くなっていきますので、この年齢に達した時に、前に進みやすくなり、泳げるようになるのではないかと思います。

その時点を逃しますと、なかなか泳げないものです。たとえば、一〇歳頃に腎臓炎《じんぞうえん》を起こしたとか、何か病気をして二、三年泳がなかった人は、その機会を失うものですから、あとでずいぶん苦労をする人が多いものです。

小学校の教員採用試験には、ほとんどの県で水泳のテストが含まれています。そのために小学校の先生を希望している人達は、水泳についてはとても熱心ですが、中には大学生になっても泳げないできた人が毎年一人や二人いるものです。その人達は、実に涙ぐましい努力が必要なのです。一〇歳頃ならばただ毎日水の中で遊んでいるだけで自然と泳げるようになるのに、その機会を逃したがために、あとになって何十倍もの努力をしなくては泳げるようにならないので、気の毒といえば気の毒です。

大学生になってからでは、時間をかけて「やっと泳いでいる」という程度になる頃には、ひと夏が終わりです。ところが一〇歳前後に泳げるようになった人はなんの苦もなく泳ぎ、どうしてその人が泳げないのか不思議にさえ思うくらいです。泳げなかった人が必死で泳げるようになろうとし、そして試験に合格した時には大変満足そうにしていますが、水をのみ込んだ苦痛やその努力や時間を考えますと、小学校時代に泳げるようになっておきたいものです。

もしそれを逃した場合は、四〇歳ぐらいの時に泳ぎやすくなることがよくあるようです。ちょうど、一〇歳くらいと、同じような身体の状態になるからと説明されています。だからといって四〇歳まで待つ必要はありませんが。お母さんが泳げないというのでしたら、ぜひすすめてみませんか。「更年期《こうねんき》障害の予防になるんですって」とつけ加えると「うーん、それなら始めてみましょうか」と新しい水着を買ってきて、張り切ってプールに通われるのではないでしょうか。温水プールも増えてきましたから一年中泳げます。

元オリンピック選手の木原光知子さんに習った作家の橋田寿賀子さんは、中年から泳ぎ始めて、泳がないと調子が悪いと水泳中毒のようになっておられるそうです。その話を読めば、泳げない人には大変よい動機づけになるでしょう。母の日のプレゼントに水着とプールの回数券はいかがですか。

26 なぜかな？ プールで浮く人沈む人

―技術の習得と時期―

二〇年ほど前になります。インド人で日本の女性と結婚してこちらに住んでいる人を知りました。初夏の頃で、話題が水泳のことになり、話しているうちに彼は泳いでみたいと希望しました。というのは、インドでは泳ぐ習慣がないので泳げないというのです。それには、宗教上の理由が関係したのかも知れません。日本ではあたりまえのことも、文化が異なればそうではない場合もあります。しかし、彼も日本で生活して、特に、子供たちが水泳を楽しむ習慣があることを知り、自分の子供のことを考え、父親として泳ぎを身につけたいと思ったのです。

たまたま、私（橋本）が中学校の体育教師であったので、彼に水泳を教え、彼は私に英会話の指導をしてくれることになりました。当時、彼は三十代になっていたのではないかと思います。同じ泳げない人の指導でも、水に全然なれていない大人の指導は初めてでした。その上、

言葉がまったく通じない外国人ときています。水泳は楽しい反面、初心者は特に安全に気をつけねばなりません。生命にかかわってくることですからね。あれこれと気をもみながらプールに出ての練習が始まりました。シャワーのかかり方、準備運動、安全の注意、マナーや心得を片言の英語と手まねや身振りで教えながらプールに入ることにしました。最初は顔面を水につける水なれ練習からです。初体験で大変緊張している様子が私の手を握っている力の入れ方で十分伝わってきました。

陸上の運動と違って、水中なので、呼吸が自由にできないし、浮力がつくので足もとが不安定になります。彼にとってたよりになるものは、私の手だけなのです。したがって、私もできるだけ不安を感じさせないように気くばりをするので内心は不安がつのり、相当疲れました。指導しているうちに、特に感じたことは、彼の体が非常に重くてなかなか浮かないことです。彼の体型は背が低い割には体重があり、筋肉質で固い感じがしました。その上、精神的な緊張感が加わったのでより重く感じたのではないかと思います。

普通一週間くらい指導するとプールの横幅ぐらいは泳げるようになり始めるのですが、彼の場合はなかなか泳げるようになりませんでした。

私は、人によって浮きやすい人とそうでない人があるのではないかと思いました。さて、一般に人のからだは浮きやすくできているのでしょうか？　このことを少し考えてみたいと思います。水の中ではその物が押しのけた水の重さにひとしい浮力がつきます。だから水の中の物には下から押し上げる圧力がかかっていることになります。この圧力より物の重さが軽い時には浮かびやすく、その逆の場合には沈みやすくなります。

人間のからだの場合はどうかな？　みなさんは「比重」という言葉を聞いたことがありませんか。これは、簡単にいえば、水と物との重さの比です。水を一としますと、人の比重は〇・九六～〇・九九で、息を吐くと一・一～一・五です。だから、人と水の比重は同じくらいです。この数字が水に比べて、少ない時に比重が軽いといいます。人は比重が水と同じくらいですから、水中では体重がほとんどなくなり浮きやすいわけです。だから泳げるのですね。しかし、人間全部が同じではなく、年齢や体質によって浮きやすい人とそうでない人がいます。それはからだの組織の密度や骨の重さ、肺の容積によって違ってくるからです。先に述べたインドの人の場合はこのへんにも浮かびにくい原因の一つがあったのかもしれません。

だけど、少し不利な条件があるからといって悲観することはありません。時間をかけて水になれたり、水泳の技術を習得していけばだれでも泳げるようになります。このインドの人も私との練習の間にプールの横幅はようやく泳げるようになり、喜んでいました。あなたの場合はどうでしょうか、水の上にそっとねてみて浮くかどうか、試してみてください。また、プールの底まで沈みからだを横にしてみてください。こんなことが自由自在にできれば、あなたは相当泳ぎに堪能《たんのう》になっています。

27

肥満児の得意な水泳の時間

―脂肪が燃え出す運動―

あなたのクラスには、大変からだが大きくて、しかもその大きさはとびぬけて大きくて、力も強いという人がいませんか。からだにさわってみると、おすもうさんのからだはこんなのかしらと思うくらい、少しタプタプしているでしょう。体重も一番小さい人からみると、倍はあるんじゃないかな。

この肥満の友達のからだを普通の人と比較してみましょう。骨の太さはそうかわりません。筋肉の量は少し多めです。心臓の大きさも普通と変わりません。ところが脂肪だけは二倍も三倍もあることが多いのです。

このような肥満タイプの人は、その体重を利用した運動が大好きです。すもうをとらせれば、たちまち押し出してしまうし、きっと柔道やレスリングも練習で強くなるでしょう。

一方、体重を移動させなければならない運動は不得意です。たとえば一〇〇メートル走、マラソンといった、走って体重を持ち運びするようなことは、最も不得意とするところです。肥満タイプを示している人は、オリンピックの種目でいうと体重別の競技が行われている種目が得意なのです。

肥満はからだについている脂肪が多いというわけで、それは重さにもなりますが、水の中ではからだが浮きやすいということになります。それを利用できる代表的なものは水泳でしょう。からだが浮いて、腕の力がありますから、腕で水を後ろにかけば、自然とからだは前に進みます。

運動をするにはエネルギーが必要です。エネルギーがどの燃料で生み出されているのかは、はき出した息を分析して計算します。最初はほとんどでんぷん、すなわち炭水化物です。一部、脂肪を燃やしてエネルギーを出しています。すわっている状態から運動を始めますと、どんな人でもまずでんぷん、すなわち、炭水化物がたくさん燃えてエネルギーを供給しています。それによって筋肉を動かしたりできるわけです。すわった状態から立って歩いたり、走ったりしますと、エネルギー源として糖分であるグリコーゲンが使われますが、しばらく続けていると減ってくるので、「もうだめだ」といって走るのをやめてしまう人がいます。多くはまず肥満の人からやめてしまいます。

体重を一〇〇メートル動かしたとすればずいぶんのエネルギーを使ってしまうのですが、そのエネルギーにはほとんどがでんぷんから変化させた糖分が使われます。その糖分は筋肉にあったものと、血液に含まれているものを使っています。エネルギーを出すのは筋肉ですが、その量を体重の割合で計算しますと、太っている人は少ないのです。そのために早くねを上げてしまうわけです。

それをがまんして走るのを繰り返していますと、最初は主に糖分を使ってエネルギーを出しますが、そのうちに使える糖分が体内に減ってきて脂肪を少しずつ燃やすようになります。そうして長い時間を走り続けることができるのです。

肥満の人にとって陸上の運動は、主に脂肪を燃やして運動を続けるという段階まで到達するのがむずかしいので、最初から体重を浮かせて移動する水泳が楽なわけです。これなら運動がしやすく、疲れが少なく、長時間続けられ、しかもエネルギーは多量に使います。肥満の人にはもってこいです。

お腹に赤ちゃんがいるお母さんが水泳をしているというニュースをみたことがありませんか。大きなお腹をつき出してプールサイドはそろそろと歩き、水の中に入り、ゆっくりと浮かんだり泳いだりしている姿です。お腹に赤ちゃんがいてお腹を少しつき出し気味に、そしてからだをそらし気味に歩いているお母さんが、水の中では姿勢もほとんど普通でいられますから、ずいぶん楽なのです。

このように水泳をすることによって、お腹に赤ちゃんがいるお母さんに起こりがちな足のむくみや、血管が浮き出てきたりする症状も、軽くなる人がほとんどのようです。いわば赤ちゃんがお腹にいる間は、一時的に肥満と同じような状態にあるわけですから、どうしても運動不足になりがちなのです。

赤ちゃんを産んでしまいますと、今度はお腹をへこませたいと思うようになりますが、それにも水泳や体操が最適なのです。

水泳は体重を忘れさせてくれるよい運動です。肥満でない人には肥満になることを予防する意味の水泳をおすすめしておきたいと思います。肥満になってから水泳でもとにもどそうとするのはなかなか困難です。しかし肥満にならないために水泳をするのは大変有効なのですから。

温水プールもできてきていますから、一年中水泳ができるようになりました。ごみの焼却場の建設計画があれば、その排熱を利用して温水プールをつくってもらいましょう。ぜひ泳げるようになって、泳いでいることが「ああ楽しい」という気持ちになって授業を受けてください。

28

左右バランス発達には水泳が最適
―右手で投げたら必ず左手でも投げる練習を―

みなさんがボールを投げる時は、どちらの手で投げるのでしょうか。ほとんどの人は、右手ですね。鉛筆を持って字を書くのも右手、おハシを持つのも右手というふうに、右手がきき手だと答える人が大変多いのです。

中には、ボールを投げる時だけは左手だという、左投げピッチャーの人もいるでしょう。あるいはバッター・ボックスに入るのだけは左という人もいるでしょう。そのように一つでも左の方の能力が高い左ききといえる人はずいぶんおられるはずです。しかし、公の場に用意してあるはさみは、左手用のがなかったりしますし、書道も左手で書いている人をあまりみたことがありません。そろばんも左手で玉をはじいている人は少ないものです。

右ききといっている人の中には、最初、左手でハシを持って食べていたけれども、途中で家

族の人から何度も注意されて、今では右手で字を書いたりハシを持ったりしている人もいるに違いありません。もともと左の方が得意と思えていたことを、強制的に右にかえさせられたとしても、けっこう普通どおりには書けるという経験もしているでしょう。

右の手や鎖骨を骨折した人は、不便さをなげくよりも、ギプスをまいている間に左手の練習をしてハシを使ったり、字を書けるようになってやろうと思って挑戦してみることです。

簡単な測定をしてみましょう。グラウンドへ出て、きき手ときき手ではない反対の手でボールを投げてみてください。どうだったでしょうか。きき手でない手で投げることのできた距離は、きき手のどの程度だったでしょうか。五〇パーセント以上の距離が投げられる人は、割合少ないのです。きき手と比較してフォームもなんとなくぎこちなく、ほとんど見てはおれないかっこうだったことでしょう。

非きき手のボール投げの距離を、記録し続けてみませんか。右手で投げられた距離を測って、次に左手で投げてみます。それを毎日繰り返して、距離を測ってグラフに描いてみたらどうなるでしょうか。

そんなデータをとっているうちに、私達はおもしろいことをみつけました。毎日練習しているにもかかわらず、きき手の方のボール投げの距離はいっこうに伸びていきません。もう伸びきっているという感じです。それに対して、非きき手のボール投げの距離は、最初こそ全然投げられませんでしたが、じょじょに伸びてきて、きき手の七〇パーセントから八〇パーセントのところまで伸びてきます。ところがそこで伸びがとまってしまいました。それでも最初の距離に比べて二倍に伸びたわけです。

それでもまだ続けていきます。するとどうでしょうか。今までほとんど変化しなかったきき手の距離が、急に、少しですが伸び始めたのです。すると非きき手の方の比率は下がってしまいました。それをさらに続けて観察していきますと、少し遅れて非きき手の方も再び上昇を示し始めました。

こんなことがどうして起こるのかということはまだ十分にはわかりません。しかし、きき手の方の力が伸びたのは、非きき手の方の力を伸ばしていったことが刺激となったと考えたらどうでしょうか。

私は若い頃、イスラム教の国であるアフガニスタンに行ったことがあります。そこでは、親達が右手と左手の使い方を非常に厳しくしつけていました。むこうではパンのことをノンというのですが、そのノンは丸盆ぐらいの大きさですから、ちぎって食べるわけです。ただしちぎるのは、右手だけの片手でちぎらなければなりません。私達はそれになれていないものですから、つい両手でちぎりましたが、あとには、つとめてその習慣にしたがってノンをちぎろうとしました。

ノンのはしっこを、親指と人差指でつまみ、他の三本の指はノンを上から敷物へ押さえつけておいて、ひきちぎります。すぐにはそれもうまくできませんでした。それをみかねた現地の人が、いく度か実に手際よく食べやすい大きさにちぎってくれましたが、右手だけで、左手が使えないという不便さを、その時はっきりと知らされました。

パンをちぎったり、牛乳を飲んだり——アフガニスタンでは羊の乳でしたから牛乳といわず羊乳というべきでしょうが——あるいはサラダをつまんだりするのは、なぜ右手なのでしょうか。これは左手の方に秘密がありそうです。

イスラム教の人の考えでは左手は汚れた手だそうです。どういう意味があるのかといいますと、お便所に行った時にそのあと始末をする役目を持っています。ですから、これは汚れた手であると、たとえ洗ってあってもそう思うようにしつけられているようです。小さな子供がまだノンを上手に切れなくて、つい左手で押さえたり助けたりしますと、母親は大きな声でしかり、そしてただちに子供の左手をぶって使わないようにさせるという場面を、何度か目撃しました。このように、イスラム教の国では右手、左手の役割がはっきりと区別されています。このようにはっきりしている国もありますが、日本のように排便後お尻をふくのに右手を使っている国もあるわけです。

きき手はその人にとって大変便利な能力の高い手ですが、反対の非きき手は落ちこぼれの手なのでしょうか。そうではなくて、わざわざその手を発達させなかった手だということがいえそうです。

その点、スポーツでは右きき、左ききのないからだを大変高く評価しています。たとえば平泳ぎでもクロールでも背泳でも、右手が強くて左手が弱いとなれば次第にコースからはずれて、横へ片よってしまうことになるでしょう。そういったことにならないように左右バランスよく水をかくために、反対の手をよく発達させていく必要があります。

みなさんが練習する時は必ず非きき手・足も加えてください。右足でボールを蹴ったならば、そのあとで、左足で蹴るようにするのです。右手で投げたら、左手でも投げておくのです。右回転から始めた時には、次は左回転から始めるというふうに、必ず反対側を忘れないで練習してください。そうすることが得意な方をより伸ばすことになるわけですから。

Ⅲ　体力づくり

29

持久走は長距離走とどう違う

―自分に合う走り方とは―

元マラソンランナーとして有名な瀬古利彦さんは、一九八六年のロンドン国際陸上競技大会の五〇〇〇メートル走で、日本新記録一三分二四秒二九の記録を出して優勝しました。それまでの日本記録は、新宅雅也さんが持つ一三分二四秒六九でした。五〇〇〇メートルも走って、たったの〇・四秒差で記録が更新されるという、きびしい世界です。距離にすれば約二・四メートルです。

陸上競技の競技種目は走、跳、投に分かれていて、それぞれの力を競いあうのです。走種目で、長距離走の花はマラソンといわれてます。

東京青梅市のマラソン大会を始め、毎年多くの人達が参加する大会が全国各地で開催されています。四二・一九五キロメートルを一秒でも速く、一歩でも人より速くゴールすることを目

指して、死力をつくして勝負に挑む二時間余りのレースには、人々を感動させるドラマがあります。

このように、長い距離を競争するのを長距離走というのです。これに対して、個人の力や条件に合わせて一定のペースを保ちながら長い距離を走るのを、持久走といいます。長距離走と持久走の著しい違いは、次の点です。

長距離走は、他人との競争なので自分のペースが非常につくりにくいものです。練習では、スピード、ペース、持久力、試合のかけひき等きびしい内容が要求されます。

一方、持久走の方は、一人ひとりが十分ゆとりのあるペースを選ぶことができ、競争を目標にしているのではありませんから、からだの弱い人や走ることの苦手な人でも気楽に参加できます。

長距離走と持久走の違いが、わかり始めたと思いますが、みなさんは、今までにどんな走り方を体験していますか？

学校では二学期の後半から三学期にかけて、体育の授業で、マラソン、持久走、長距離走、一五〇〇メートル走等、よび方はいろいろありますが、この種の運動をやっているでしょう。その運動のやり方はどのようなものでしょうか？

全員いっせいにスタートして、着順に時間を計るやり方の、競争形式になっていませんか。もし競争形式でやっているとすれば、問題があると思います。

その一つは、長い距離を走ることが得意な人にとってはよいのですが、そうでない人にとっては、とても嫌なことではないかということです。もう一つは、長い距離を走るにはそれだけの準備が必要だということです。長距離走の最中に突然死やその他の事故が起こるというようなことがこれまでにもありましたが、このようなことは、絶対さけねばなりません。

長い距離を走る運動は、発育期の人達が健全に発育するために大切なのです。そこで、小学校の五・六年生、中学校、高等学校で長い距離を走る運動がとり入れられています。小学校の五・六年では、運動を根気強く持続する力をつけるために、正しい持久走を学習するようになっています。中学生、高等学校では持久走、長距離走を学習します。

したがって、長距離走をやるためには、まず準備段階として持久走からということになるわけです。そこで、正しい持久走のやり方が課題になります。持久走は一定の距離を走る時に、個人の能力や条件に合わせたペースを決めて走ることができます。これは、多くの人といっしょに走っても同じです。ただし、決めたペースは守って走るようにしなければなりません。だから、ペースの決め方が非常に大切になってきます。ペースの決め方は、十分ゆとりのある段階からにします。そして、ペースに応じた体の反応を確かめて、必要があれば距離やペースを修正し、走ることと体の関係を理解しながら、走ることの楽しさを学ぶのです。

長距離走は、競争なのでどうしても他の人のスピードが気になり、速い人も遅い人もともに疲れますが、特に遅い人には大変です。

その点、持久走は自分の能力が中心ですから、気楽に参加ができます。だから、持久走で長い距離の走り方の基礎を学習するのです。最初から長距離走に参加することは危険でもあるし、走ることへの興味もわきにくいと思います。

中学時代は心臓、肺臓の機能が発達しますので、どうしても長い距離を何度も走って循環《じゅんかん》機能を高めることが必要なのです。特に、心臓を養っている冠状動脈《かんじょうどうみゃく》の細動脈《さいどうみゃく》数は、一六歳ぐらいまではその必要に応じて増加しますが、そのあとは増加しないことがわかっています。これはどういうことかというと、細動脈の数が多いほど心臓の機能を維持するのにゆとりがあることになるのです。細動脈は、筋肉の発達によって増加します。それは、増加した筋肉へ栄養を与えないといけないからですね。

筋肉を発達させるためには、運動がどうしても必要になります。心臓は筋肉でできていますから、心臓の働きをよくするためには持久走が大切になります。走る運動は全身運動なので循環機能を高めるために非常に役立ちます。だから成長期のみなさん全員に持久走をやってもらいたいと思います。

マラソンは苦しい、持久走は嫌いというのではなく、持久走の特徴をよく理解し、長距離走とどんなところが違っているのかを考えて、運動のやり方を間違わないようにしなければなりません。

長い距離を走る運動として、持久走と長距離走は、似かよっているので、学校の体育の授業でもまちがったやり方をしている場合があると思います。

みなさんは、この本を読んで正しい持久走の意味がわかったと思いますので、からだをよくする走り方の本当の楽しさを経験するように願ってます。

30

心臓の血管は一六歳で製造中止

―中学時代は持久走で心臓づくり―

みなさんの心臓はお母さんのお腹の中にいる時から、空気のある世界に生まれる前から動いています。そして、一生の間、血液を送り出すという働きを続けるわけです。その回数は大変なものです。一度、ここで計算してみませんか。

今、みなさんがすわっている時の脈拍を手の指で測りましょう。人差指、中指、薬指の三本の指先をそろえて、手首の親指側にあてます。指先にドクドクと血液の送られてくる波が伝わってくるでしょう。その回数を一分間数えます。

一分間に約七〇拍くらい打っていると思います。計算をする上で、一分間に七〇拍として、一時間では六〇をかけて四二〇〇拍、一日が二四時間ですから

七〇×六〇×二四＝一〇〇、八〇〇

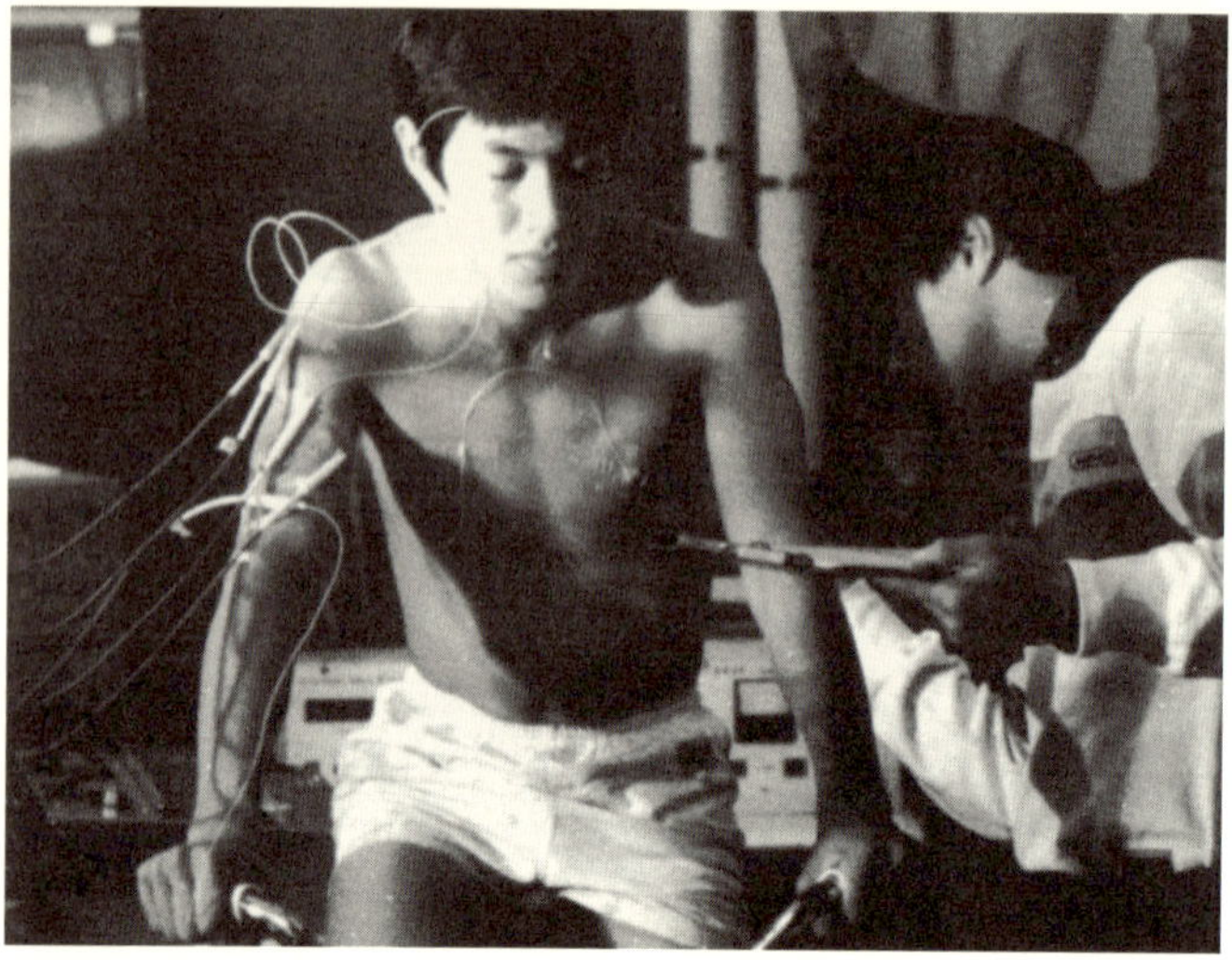

一日で約一〇万回も打っています。運動する時間もあって、その時には一分間に二倍以上になりますから、一〇万拍よりも多くなります。

これで一日の脈拍数が出たわけですから、三六五をかければ一年になりますし、人生八〇年として、さらに八〇をかければ、一生の間にいったいどれぐらいの回数、心臓がポンプのように血液を押し出しているのかが計算できます。

もちろん脈拍は運動すれば多くなりますし、ねむれば少なくなります。ですから一分間に七〇拍としてしまうのは、少し簡単すぎるのですが、おおよそわかればいいわけですので、それで計算をしてみました。

この心臓がわずか五分間か一〇分間動くのを休んだだけで、死亡する率が大変高くなります。

ですから休むわけにはいきません。毎日毎日、打ち続けなくてはならないのです。

この心臓の壁は筋肉でできていますから、当然その筋肉は酸素も栄養素も必要です。その筋肉へ酸素や栄養を運んでいるのはもちろん血液です。ですから、心臓もすみずみまで血管が行きわたっています。この心臓へ酸素や栄養を送る動脈は、生まれた時からできていますが、それよりも余分に新しい動脈をつくろうとしますと、年齢制限があるのです。それは一六歳で、それまでに動脈をつくっておかないとあとでは手遅れになります。私などは、もう手遅れなのです。

この動脈というのは、大変細くて絹糸ぐらいの太さです。細動脈とよばれています。このような動脈ができるためには、またいろいろな条件が必要です。みなさんの町で道路が車で大変混みあう時には、どのような工事が計画されるでしょうか。もう一本、新しい道路であるバイパスができて、新しい車の流れができるでしょう。それと同じように、心臓はたくさん血液を流す必要が出てきた時に、バイパスの工事をするわけです。

血液がたくさん必要な状態が続く時というのは、多くは心臓が激しく動いている時です。その時には、心臓の筋肉にたくさんの血液が必要になるわけです。そのたくさんの血液を運ぶためには、血管を広げれば多量に流せます。それと、心臓が縮んで、血液を血管へほとばしり出す回数を多くするのも、一つの方法です。運動をしている時は、心臓の筋肉がはげしく縮むのです。

マラソンのように長い距離を走ったりしますと、足の筋肉はたくさんの酸素を必要とします。その酸素は血液で運びますから、血液が足にたくさん必要なわけです。したがって、足にたくさんの血液を送るために何回も数多く心臓を縮ませて、心臓の左下の部屋（左心室）から血液を動脈血管へ送り出さなければなりません。そのために心臓の筋肉がはげしく縮んだりゆるんだりする結果になります。

心臓の筋肉に酸素を供給するために、心臓の部屋から出ていった全身向けの血液の一部が、すぐに心臓の筋肉へ行く動脈へ枝分かれして入っていきます。そのような方法で心臓の筋肉に栄養や酸素を与えているわけです。

このようにして心臓は、よく働いているわけですが、心臓の筋肉へ送られてくる血液が不足すると、心臓はそれ以上速く強く動けませんから、送り出す血液が少なくなってしまいます。そうすると足の方へ行く血液も少なくなって、走る速度もおとさねばなりません。

このような関係がありますから、心臓をより速く動かすためには、心臓の筋肉の中に動脈をたくさんつくって、血液補給ルートの網の目を細かくしようとするわけです。それはやはり一、二年の間、心臓の筋肉に酸素不足が起きるほどよく動かしている期間が必要です。それで初めて新しい細動脈の血管ができるのです。

そのつくられる期間が一六歳が限度だとしますと、中学生時代はつとめて長距離を走った方がいいわけです。長距離を走る時には、持久走が適しています。すなわち同じ速度で最初から最後まで走るという走り方です。一分間に一八〇メートルならばその速度で最後まで通すわけです。速くしたり遅くしたりするような走り方や、最初と最後は速いがまん中はゆっくり走るという走り方ではなく、これならば同じスピードで三〇分でも四〇分でも走れると思えるようなスピードで、最低五分間は走ってみてください。

授業の中でも持久走が行われると思います。それはみなさんの心臓のためなのです。将来日本人の死因は、現在第一位のガンと、第二位の心臓の血管が詰まる病気とが入れかわるだろうといわれています。心臓の絹糸ぐらいの動脈に血液の中のものが詰まってしまい、そこから先に血液が行かないために大変痛かったり、苦しんだりする病気（心筋梗塞《しんきんこうそく》）です。そして、不幸にしてそのために亡くなってしまう例も多く、生活の中の好ましくない習慣によってなる病気という意味の生活習慣病の一つに数えられています。

もし、一六歳までに細い動脈の血管がたくさんできている人であれば、一つの動脈が受け持っている供給細胞の数が少ないために、たとえ血管が詰まることがあっても、影響が小範囲ですから死ぬようなことは少なくなるのです。

みなさんの年齢の時に心臓をつくっておくということは、将来四〇年、五〇年後に起こってくる生活習慣病を予防する意味も含まれているわけです。

からだには、その時を逃せば、もうだめだというものが割合たくさんあります。そのうちの一つが心臓の動脈なのですが、その点、でき上がっている脳を使ってするものは、遅いから不可能だというわけではありません。遅くても「よし、やるぞ」と決心さえすればいいものが多くあります。

たとえば、コンピューターは、みなさんが生まれる前から、この世の中にあり、私が四〇歳のころに一般化してきました。コンピューターは若い者でも、四〇歳をこえた者でも、市販のソフトを使うか、プログラムを組んで動かすことができます。確かに年をとっておればそれを習得するまでに時間はかかりますが、ある程度まで、コンピューターを使いこなすことは可能なわけです。

ところが、われわれのからだに関係する多くのことは、その時を逃せばもうできません。脳の中の神経は、五、六歳頃までに完成させておかなければもうつくられないのです。適時性があるのです。

心臓のためにも、今、この時に走っておきましょう。手遅れです、といわれないために。

31 運動は見通しを持ってやろう！

―デッド・ポイント、セカンド・ウインドの話―

20の「一〇〇メートルを、全力で走っている時、呼吸をしているでしょうか」（一二三頁）のところで説明したのですが、短距離走のように、全力を出して短時間で終わる運動や作業は、無酸素の状態で活動ができるのです。

これは、前に述べたように、筋肉にそれができる仕組みがあるからです。しかし、できるといってもほんの短い時間で、せいぜい三〇秒ぐらいのものです。酸素なしでは、なかなか活動できないことがこれでもよくわかりますね。

みなさんは、走ることは好きですか？

疲れることがわかっているので、だいたいの人が、嫌いと答えるのではないかと思います。

私も嫌いです。けれども、走ることが体力づくりや健康に役立つことは知っていますね。

ところで、みなさんも、何回となく走った経験はあると思いますが、走り始めて少しすると、胸が苦しくなり、息切れがしてくるでしょう。もうこれ以上走れないと思って、途中で走るのをやめてしまうこともあるのではないかと思います。苦しさの程度は、個人のからだの状態と運動の内容によって違いがあるのですが、似かよった経験はあるでしょう。苦しい、もうこれ以上走れない、とその時は、切実に感じるのですが、そこをちょっとこえれば案外走れるものなのです。

苦しくても走ることができるのには、どのような秘密があるのでしょうか？

もうこれ以上走れないと思いながらも、スピードを少しおとして苦しさを我慢して走っていると、汗が出て、なんと不思議なことか、それまでの苦しさがなくなり、体が軽くなり、楽に走り続けることができるようになります。こんな体験をしている人はたくさんいると思いますが、どうして走れるのかとなると、首をかしげますね。走り始めて、少し時間が経過して息苦しさが増し、もうこれ以上走り続けるのは困難ではないかと感じる時期を、「デッド・ポイント（死点）」とよんでいます。死ぬほど苦しく感じる時期とでもいう意味でしょうか。

「デッド・ポイント（死点）」の時に体内では、どんな変化が起こっているのか考えてみましょう。走ることを続けるためには、そうとうたくさんのエネルギーが必要なのです。このエネルギーを生産するためには大量の酸素がいります。グリコーゲンと酸素が燃焼してエネルギーが発生するからです。しかし、エネルギーが生産されると同時に、燃えかすも出るのです。この燃えかすが炭酸ガスです。

炭酸ガスといえば、からだにとって有害であると思われがちですが、一方ではからだにとって重要な役目をはたしているのです。それは、呼吸運動をつかさどっている神経を刺激して、呼吸運動を盛んにするという役目です。

酸素が燃焼して炭酸ガスができると、これが呼吸運動を盛んにするので、肺でのガス交換が活発になり、体内への酸素の取り入れ量が多くなります。さらに、血液を輸送する心臓のポンプ活動もいっそう激しくなります。

しかし、走り始めた頃は、必要な酸素の量の方が体内へ取り入れられる酸素の量をうわまわっているので、酸素不足のまま走っているのです。一方、体内では、それを調整しようと一生懸命になっています。これが、激しい呼吸になり、息切れや苦しさを感じる理由です。だから、ここで一時我慢しなければなりません。そうすると、運動している筋肉に必要な量の酸素が与えられ、「セカンド・ウインド」とよばれる状態になります。「セカンド・ウインド」時の体内は呼吸・循環器官の働きが、運動の刺激によって、安静にしている時の働きの数倍以上になっています。呼吸数は二倍になり、空気の換気量は二〇倍にもなり、その結果、酸素の取り入れの量は二〇〇倍にもなるということです。

みなさんのからだには、こんなすばらしい働きが備わっているのです。体験してみましょう。「デッド・ポイント」とか「セカンド・ウインド」の経験をするためには、数分間以上の運動を続けてください。また、あまり軽い運動ではいけません。それは、全身のそれぞれの器官が十分に活動できる準備をするのに五、六分は必要だし、あまり軽い運動では酸素がたくさんいらないからです。

「デッド・ポイント」と「セカンド・ウインド」のことをあらかじめ知っていて走ると、運動による体の変化に対する見通しが持てるので、苦しくなっても我慢しやすいのはないでしょうか。読んだだけでは、実感がわかないでしょうから、ぜひ一度試してみてください。そして、「デッド・ポイント」の苦しい壁を乗りこえて、次に開けるすばらしい「セカンド・ウインド」の世界を体験すれば、持久走の本当のよさと、からだの仕組みの不思議さを感じ、運動することへの興味や関心がわくと思います。

多くの人は、「デッド・ポイント」のところであきらめて、あと一歩の我慢ができないままに終わっているのです。「苦」あれば「楽」ありです。

この機会に「デッド・ポイント」に挑戦し、「セカンド・ウインド」のよさを体験して、持久走への理解を深めてください。

32 まめをつくらない鉄棒運動

―からだにも必要な予習―

みなさんに「鉄棒運動が好きですか」とたずねると、あまり好きでないという答えが返ってきます。その理由の一つとして、手のひらにまめができて、痛いのがいやだと思っている人がいました。いくら鉄棒運動をしても、まめにならない方法をこれから教えますから、実行してみてください。

まず、先生に「鉄棒はいつから始められますか」とたずねてください。「明日から」といわれたなら、ちょっとまにあいませんが、一週、一カ月、理想的には二カ月あれば、成功まちがいなしです。

その日から、学校の行き帰りに、鉄棒の下に行って、高鉄棒にとびつきます。そのまま一〇数えて降ります。これなら、体育の服装に着替えなくてもできますね。高鉄棒がなくても、低

鉄棒があれば、足を縮めて、ぶらさがればいいのです。
最初は、肩と手の皮が引っ張られる感じがするでしょう。その感じがなくなり、一〇数える時間が短く感じるまで、学校の行き帰りには、ただ、ぶらさがるだけです。
一〇数える間、腕の力がぬけてただぶらさがっているだけという状態から、力を入れて続くようになれば、次に進みます。鉄棒にとびついて、五数えて降り、またとびついて五数えます。それを最初は五回、軽くできるようになれば、一〇回繰り返します。とびついては降りるだけです。
それができるようになれば、懸垂を一回して、その時はそれでおしまいです。もし一回もできないとしたら、もとへもどって、とびつき降りを続けます。その時に、とびついた勢いで、腕を少し曲げます。少しでいいのです。それもできない人は最初から腕を曲げておいて、とびつきます。すると、ほんの少しの時間は腕を曲げていられるでしょう。

懸垂一回をしばらく続けます。二回に進むのは、腕を伸ばす時に、ゆっくりとスローモーションでからだを下に降ろせるようになった時です。腕を伸ばしたまま、とびついて、一気に顎を棒の上に出し、それからはゆっくりと腕を伸ばします。太っている人はこの段階に時間がかかってもいいのです。

懸垂二回になれば、顎《あご》を棒の上に引き上げた時、鉄棒を握っている指を少しゆるめて、握りなおします。三回になれば、腕を曲げている時だけでなく、伸ばしている時にも、手の握っている位置を二〜三センチ横へずらします。

あとは、降りる時に、軽く前後に振って降ります。

もうこれで、おしまいです。

ここまで準備をして、予習をしておけば、授業で鉄棒が始まっても、手の皮がめくれるというようなことは起こりません。せいぜいしわがよる程度です。

なぜ、手の皮がめくれなかったのでしょうか。

手の皮は鉄棒のような固いものを握ることで、押さえられます。さらに、体重がかかりますから、手のひらと指のつけねのさかいのところで、最も強く皮膚が押しつけられます。しかし、時間はわずかですから、皮膚とその下にある筋肉とが分かれてしまうこともありません。

わずかな刺激でも繰り返されていると、からだは手を守るために、皮を厚くし、固くしていきます。このことは急にはできないのです。二カ月かかるのです。ですから、前に書いたように、鉄棒運動の始まる二カ月前から手に予習をさせておくわけです。

そうしないと、鉄棒の授業が始まった一時間目から、まず、しわがより、皮膚とその下の筋肉が離れて、そこに水がたまり出すのです。もうりっぱなまめです。それでも続けていますと、水のたまったところがやぶれて、大変な痛みを感じます。思い出すだけで痛くなりますね。

このようなことは、鉄棒だけで起こってくるわけではありません。同じようなことは、野球のバットを振っても起こりますし、固いボールを投げることによっても起こってきます。くつずれも同じだなとわかるでしょう。

私達のからだは、どんな刺激にでも反応します。ゆっくりと繰り返し刺激されると、からだを守るように反応していきます。慣れることはからだを守ることなのです。

体育も一年間の計画を先生にたずねて、からだの準備をするくせをつけましょう。

33 疲れることから、体力はつくられる

—使っているのに休んだことになるってなあに—

夏の林間学校から帰ってきた翌朝、なかなか起きられない、という経験があるでしょう。なんとなく疲れがのこり、からだがだるく、何をするにも、ものうい感じがからだの底に沈んでいるようで、その日一日はだらだらしてしまうこともあったでしょう。

そのような経験からか、みなさんはよく「疲れるからいやだ」とか、「こんなことをすると疲れる」とかを、無意識でいっていることが多いと思います。お母さんが「それは疲れるからやめなさい」とおっしゃることもあるでしょう。疲れることはそんな悪いことなのでしょうか。

私達のまわりには、疲れることを悪いことのように思わせ、できるだけさけるようにさせるような言葉や行動が多くみられます。それは、疲れが病気を引き起こしたからです。結核が国

民病といわれた時には、栄養状態が悪く、疲れると、からだが持っている抵抗力が弱まり、そのために病気になったりしたからです。そのなごりから、疲れをできるだけさけようと無意識に横になってからだを休めようとしています。

私達も遠足から自宅に帰った時など「ああ、今日は疲れた」と感じて、知らず知らずに声を出すことがあるでしょう。するとお母さんは「疲れがとれるからお風呂に入りなさい」と入浴をすすめてくださるでしょうし、あるいは、「あまいものを食べると元気になりますよ」といっておやつを出してくださることもあるでしょう。

このように、疲れたならばそれを回復しようと人々はつとめます。そしてまた明日から元気に勉強をしたり、働いたりしようとするわけです。そして、疲れなければ回復させる必要もない、というわけで、疲れをさけようとするのです。

疲れは、簡単にいいますと、長時間同じことをすれば、何をしても疲れます。たとえば、机の前で二時間もすわっていれば、多くの人は疲れてしまいます。たとえ宿題をやっていても、あるいはマンガを読んでいたとしても、同じことなのです。

夏になって、水泳が始まって、泳いだり、水から上がってプール・サイドで休んだりした一時間の授業のあとには、やはり疲れた感じになります。

このような日常的な疲れは、みなさんも経験していると思いますが、毎日続けていますと、疲れ方がだんだんと少なくなっていくことにも気づいていると思います。少々泳いでも、一休みすれば、続けて別のことができますし、机での勉強だって同じことです。

環境が新しくかわっただけで、人々は疲れてしまいます。しかしそれになれてくると、しだいに疲れなくなってきます。そういった経験はみなさんもいくつか書き出すことができるでしょう。気がつかなくても、中学一年生の四月はずいぶんと疲れているのです。しだいに慣れてくると、どうして疲れなくなるのでしょうか。疲れてきますと、能率が落ちてきます。そしてしばらく休みますとまたもとの力を出すことができるようになります。

そうした繰り返しが疲れなくしてくれているわけですが、これをもう少しくわしくみてみましょう。

それには簡単な実験をみなさんといっしょにしてみましょう。この本ぐらいの大きさの、白い紙を二〇枚用意してください。そして、先を少しまるめた太めの芯の鉛筆を用意します。友達にストップ・ウオッチのついた時計で一〇秒間はかることを頼んでください。あなたは一枚目の紙の上に、鉛筆でトントントントンとできるだけ速く印をつけます。一〇秒たったら「やめ」という友達の声で作業をやめ、紙の右上へ「1」と番号をつけておいておきます。そして一〇秒休んだら、また次の一〇秒間鉛筆を持って手首をできるだけ速く動かして、二枚目の紙に印をつけます。印が二重にならないように、場所をかえながらたくさん打ちます。

一〇秒休んで、また一〇秒間印をつけるというように、全部で一〇枚の紙に点をつけて、それから五分間休みます。そして再びさきほどと同じように一〇秒印をつけて、一〇秒休むということを一〇回繰り返してみてください。二〇枚終わったら、そこでやめて点の数を数えます。そして点の数を紙の右下に書いておきます。

全部終わったら、それをグラフにしてみましょう。横軸を時間、縦軸を点の数にして描いてみると、どんなことがわかりましたか？　代表的な形では、最初の一〇回では点の数がしだいに少なくなっていきます。疲れていく様子がよくわかるでしょう。五分間休んだあとの最初の一〇秒間の点の数に注目してください。それは今までの中で最高の値を示している人が多いはずです。それからはまたしだいに少なくなっていくでしょう。

ここで二つのことに気がつきます。

一つは、続けて点を打つ動作をすると、時間とともにしだいに打てる点の数が少なくなっていくことです。すなわち、疲れて能率や力が落ちていっているわけです。

二つ目は、五分間休んでいる間にその疲れはとれて、かえって一番最初の時よりもたくさんの点が打てるようになっていることです。これが私達のからだの不思議なところです。

みなさんの点の打つ力が疲れることによって、そしてその疲れを回復させることによって、前よりも力がついて、たくさん打てるようになったのです。疲れがあり、そしてそれを回復させるようにすれば、以前の力よりも高い能力を、回復している間に、身につけてしまうわけです。

他にもいろいろ実験してみましょう。たとえば一回だけ点を一〇秒間打って、それから五分間休んで、再度一〇秒間点を打ってみましょう。どのようにかわるでしょうか。この実験では、ほとんど疲労しませんから、回復もほとんど必要でないという条件にしたわけです。すると、五分間休んだあとの点の数が、少しも増えていませんね。力を伸ばすだけの疲労になっていなかったわけです。

このようなことから、からだをつくったり、からだの持つ能力をより高くするためには、積極的に疲れる必要があるわけです。しかしその度合いは休んだりして回復できる程度でなければいけません。その程度に疲れて、そしてそれを回復させる。すると、体力がついてくるわけです。疲れるのをいやがらず、さけず、悪いと思わないで、おおいに疲れて、そして休むことが大切になります。

休むのも、ただじっとしているだけの休みがいいとは限りません。お風呂に入ったり、エネルギーを使ったならばあまいものを食べたりするのも、休む方法です。遠足などで、足をよく使ったならば、足を休ませておいて、あまり使わなかった手を使った方が、疲れを回復させる効果が大きいことが知られています。ですから、さきほどの実験の場合も、一〇回と次の一〇回の間にじっと五分間手を休ませているのではなくて、反対の手を動かしてみたらどのようにかわるかも試みてください。きっとあなたは新しい発見をすると思います。

疲労するのはからだばかりではありません。金属のような硬いものも疲労します。糸のようなやわらかいものも、くたびれるのです。

針金を何度も折り曲げていたら、急にポキッと折れて、二つに切れてしまうでしょう。これが金属の疲労した結果です。

飛行機も使用する回数が多くなると、疲労が起こってきますから、一定の飛行時間ごとに、部品を取り換えたりして安全をはかっています。

このように金属の疲労は、疲労の方向ばかりに進んで、回復するということがありません。その点、私達のからだは、疲労することによって、回復をし、しかも以前よりも強くなるという性質を持っています。

もちろん、回復するのが困難なほどに疲労したのでは、そのよい性質は発揮されませんから、軽く疲労する程度から始め、しだいに強くしていきます。決して、急いではいけません。ゆっくりと時間をかけます。翌々朝に疲労感がのこらないことが目安です。

私達の身体の疲労回復には、疲れをつくる原因になったこととは、異なったことをした方がいいのですね。一時間宿題をして、疲れたら、マンガを一〇分間読むことで回復する人もいるでしょう。反対に、一時間マンガを読んで、疲れて、次に宿題を一〇分間して、マンガの疲れを宿題で回復させている人はいませんか。

宿題が終わったならば、眼や指を休ませ、からだの状態を静から動へかえる方が回復法として優れています。机の前にすわり続けるよりは、立ち上がって、歩き、遠くを眺めて、今まで使っていなかった筋肉に刺激を与えてやるのが、実力アップのコツなのです。

34 腕立て前転は神経の命令テスト

―倒立で歩いてみよう―

たいがいの人は倒立ができるでしょう。おでこをつけた三角倒立や壁に足をつけて倒立をする壁立て倒立とか、中には前へも後ろへも歩ける人がいるでしょう。

倒立は身体をコントロールする上で大変いい運動です。そして倒立して歩くのはまた楽しいものなのです。最初は顔が赤くなったり、目が痛くなったり、手が体重の重さに負けて、つぶれてしまったりしますが、練習さえ続ければ、まもなく足と同じように筋肉が強くなって歩けるようになるでしょう。

そうなるためには毎日一度でいいから倒立をすることなのです。

倒立ができるためには大脳から正確な命令が筋肉に行かなければなりません。たとえば、背中の筋肉に注目してみましょう。

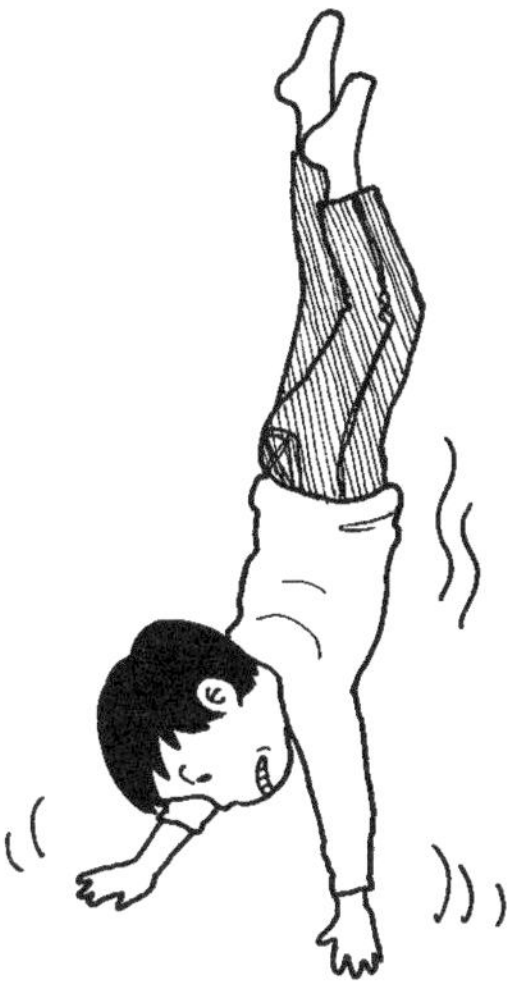

倒立に入る直前の姿勢は手と足が地についていますから、背中がまるまっています。背中の筋肉は引き伸ばされているわけです。ところが、足をけって倒立の姿勢に入りますと、今度は首が反り、足も背中も反ってきます。これは背中の筋肉が伸びた状態から、倒立をして背中の筋肉が縮んだ状態に、どこかの時点でかわったわけです。神経を通って伝わる筋肉への命令がはっきりと切りかわらないと、倒立はできないのです。

さらに、倒立の姿勢から前方にころがる運動をみてみましょう。ころがるためには、反っていた首を胸につけるようにしてあごを引き、背中の筋肉を縮めていたのを伸ばして、まるくしなければなりません。

これを最初からみてみますと、背中の筋肉を伸ばして、縮めて、伸ばすという一連の動作になっているのです。この筋肉への命令が、ときおり悪くなり、切り換えのできない人がいます。最初の状態である伸ばした筋肉を縮めるということができなければ、倒立ができませんし、今度は、倒立で縮めた筋肉を伸ばして背中をまるめる命令がうまく伝わらないと、前転がうまくできません。背中の筋肉を縮めたままだと、倒れた時に背中を強く打って、しばらく息ができないくらいになってしまうものです。

このように、脳から筋肉へうまく命令が行っているかどうか調べるには、倒立前転が大変よいのです。倒立は歩ける人ならだれでもできます。できるためには毎日ちょっとの時間練習しさえすればいいのです。一度やってみませんか。

35 個人の必要に応じた体力測定を！

―生活に必要な体力―

　学校では毎年四月に、ピカピカの制服に身を包んだ新入生が、期待と不安に胸ふくらませてやってくる入学式があります。そして、新学年が始まると、多くの学校で、学校行事や体育の授業として、身体測定や体力測定が行われます。経験のあるみなさんは、身長が何センチメートル伸びたとか、五〇メートル走が何秒速くなったとか、自分の記録に一喜一憂してきたことでしょう。このように測定は、健全な発育と発達を見守り、さらにより望ましい発育と発達を支援するために必要な、個人や集団の貴重な資料を得るために行っているのです。

　けれど、学校で行われている身体測定や体力測定が、はたして、みなさんの本当の健全な発育と発達に役立つような実施のし方になっているのかな、という疑問があります。それは、特に体力測定のやり方についてです。

みなさんの中には、体力測定の中の五〇メートル走で全力疾走したあとに気分が悪くなったり、走り幅跳びのあとで足の筋肉が痛くなったりした経験がありませんか?

おそらく、毎年何人かの人達が、なんらかの異常を感じていると思います。それは、体力測定について、生徒にも教師にも、ある先入観がすでにでき上がっているからだと思うのです。

それは、「テストや測定は一生懸命やらねばならない」というものです。だから、体力測定などでは特に、全力でやらなければ自分の持っている最大の力が発揮できないので、精一杯やるのです。このこと自体は立派なことで、よいと思います。

しかし、全力で行う測定については、十分な準備が必要です。それは、こういうやり方での体力測定には、常にある危険が伴っているからなのです。

毎日ジョギングや運動クラブ等で身体運動を繰り返している人には、その危険は少ないのですが、運動が習慣化していない人達にとっては、事前に慎重な注意が必要だと思います。

みなさんのように元気な人達でも、長期の休暇明けの時に体力測定をすると、測定の種目によっては運動の実施中や実施後に不快感を感じたり、吐き気をもよおしたりすることがあるでしょう。それに、中高年の、特に運動に慣れてない上に、日頃から運動してない人達が、急に体力測定を受けたりした場合、「腰痛」を感じるようになった例はたくさんあります。生活の中に運動を取り入れていない人達にとって、久しぶりに行う運動の中で最もはげしいものが体力測定であったりするのは、好ましくないことです。

これは、体力測定の実施時期が悪いのです。資料が少々不完全になっても、運動はじょじょに始めて、からだがなれた時に体力測定を実施することが大切です。三五歳以上で心臓の異常がない人でも、ほとんどの時間をすわっている仕事で過ごしている人達の場合などは、全力を発揮するような体力測定は実施すべきではありません。

近頃は、健康教室が盛んになっているので、医師から運動をすすめられて、肥満解消教室、シェイプアップ教室、トレーニング教室等を訪れる人が多くなっています。この人達は薬によってだけでなく、もっと積極的に自分のからだの力で、病気を治したいと考えているわけです。

しかし、もともと病気があるので、体力測定のようなものはもっと先に延ばした方がよいのです。そうしなければ、肥満、糖尿病《とうにょうびょう》、動脈硬化、高血圧といった生活習慣病の危険な因子をより悪化させてしまいます。もちろん、年齢に関係なく、測定中に目まい、胸の痛み、はき気、顔色の異常が起きたらただちに中止して、観察、処置をしなければなりません。

以上のようなことを考えてみると、体力測定そのものについての考え方を改める必要があるように思います。

それでは、どんな体力測定であればよいのかについて、私が考えていることを簡単に述べてみましょう。

小・中学校の体育の教科書に「体力の測定」という内容がありますが、そこに「体力の測定のしかた」として、体力テストの測定項目が掲載されています。そのテスト項目の例が表1です。そして、測定結果を判定するのに使用している判定表が表2・3です。

この判定表をみると、体力というか、競技の基礎能力というか、それらが高ければ高いほど

表1　体力の測定のしかた

体力を構成している要因の測定	筋　力		**握力**・背筋力
	瞬発力		**立ち幅跳び**※1 ・垂直跳び
	持久力	筋持久力	**上体起こし**※2 ・懸垂の持続時間 ・腕立て伏臥《ふくが》での腕のまげ伸ばし
		全身持久力	**20mシャトル・ラン**※3 （小学生・中学生のみ） または**持久走** （男子は1500m走、女子は1000m走）
	調整力	平《へい》衡《こう》性《せい》	閉眼片足バランス※4
		敏《びん》捷《しょう》性《せい》	**反復横とび** バーピーテスト※5
		巧ち性	ジグザグドリブル※6
	柔軟性		**長座体前屈**※7 立位体前屈
運動能力の測定	走　力		**50m走**
	跳《ちょう》　力《りょく》		**立ち幅跳び**
	投　力		**ソフトボール投げ** （小学生） **ハンドボール投げ** （中・高校生）

※1　両足で同時に踏み切って前に跳ぶ。着地点と踏み切り線までをcm単位で計る。

※2　仰臥《ぎょうが》姿勢をとり、両手を胸の前で組む。両膝の角度を90度に保つ。補助者は、被測定者の両膝をおさえ、固定する。合図で両肘と両大腿部がつくまで上体を起こす。すばやく仰臥姿勢にもどす。30秒間にできるだけ多く繰り返す。

※3　20m間隔の2本の平行線の一方に立ち、電子音によりスタートする。電子音は一定の間隔で1音ずつ鳴る。電子音が次に鳴るまでに20m先の線に達し、足が線を越えるか、触れたら、その場で向きを変える。これを繰り返す。電子音の間隔は約1分毎に短くなる。できる限り電子音の間隔についていくようにする。

※4　目を閉じて、片足で立っていることのできる時間を計る。

※5　直立の姿勢から腕立て伏臥の姿勢になる。次に足を引きつけて直立の姿勢にもどる。これを繰り返し、10秒間に何回できるかを測定する。

※6　1mおきに立てられた5対のさおを、ドリブルしてまわるのに要した時間を計る。

※7　被測定者は、壁に背と尻をぴったりとつけて、長座姿勢で両足を両箱の間に入れる。両手のひらを下にして、両箱の上に貼ってある厚紙の手前に、手のひらの中央付近がのるようにおく。両肘を伸ばしたまま両手で箱を手前に十分引きつけ、背筋を伸ばす。両手を厚紙から離さず、ゆっくり前屈して、箱全体を真っ直ぐ前方にできるだけ遠くまで滑らせる。このとき、膝が曲がらないように注意する。最大に前屈した後に厚紙から手を離す。最大前屈時の箱の移動距離をスケールから読み取る。

注：太字は体力テストの種目

表2　小学校得点（項目別得点表により、記録を採点する。）

男　子

得点	握　力	上　体 起こし	長　座 体前屈	反　復 横とび	20m シャトル ランテスト	50m走	立　ち 幅跳び	ソフトボール 投　　げ
10	26kg以上	26回以上	49cm以上	50点以上	80回以上	8.0秒以下	192cm以上	40m以上
9	23～25	23～25	43～48	46～49	69～79	8.1～8.4	180～191	35～39
8	20～22	20～22	38～42	42～45	57～68	8.5～8.8	168～179	30～34
7	17～19	18～19	34～37	38～41	45～56	8.9～9.3	156～167	24～29
6	14～16	15～17	30～33	34～37	33～44	9.4～9.9	143～155	18～23
5	11～13	12～14	27～29	30～33	23～32	10.0～10.6	130～142	13～17
4	9～10	9～11	23～26	26～29	15～22	10.7～11.4	117～129	10～12
3	7～8	6～8	19～22	22～25	10～14	11.5～12.2	105～116	7～9
2	5～6	3～5	15～18	18～21	8～9	12.3～13.0	93～104	5～6
1	4 kg以下	2回以下	14cm以下	17点以下	7回以下	13.1秒以上	92cm以下	4m以下

女　子

得点	握　力	上　体 起こし	長　座 体前屈	反　復 横とび	20m シャトル ランテスト	50m走	立　ち 幅跳び	ソフトボール 投　　げ
10	25kg以上	23回以上	52cm以上	47点以上	64回以上	8.3秒以下	181cm以上	25m以上
9	22～24	20～22	46～51	43～46	54～63	8.4～8.7	170～180	21～24
8	19～21	18～19	41～45	40～42	44～53	8.8～9.1	160～169	17～20
7	16～18	16～17	37～40	36～39	35～43	9.2～9.6	147～159	14～16
6	13～15	14～15	33～36	32～35	26～34	9.7～10.2	134～146	11～13
5	11～12	12～13	29～32	28～31	19～25	10.3～10.9	121～133	8～10
4	9～10	9～11	25～28	25～27	14～18	11.0～11.6	109～120	6～7
3	7～8	6～8	21～24	21～24	10～13	11.7～12.4	98～108	5
2	4～6	3～5	18～20	17～20	8～9	12.5～13.2	85～97	4
1	3kg以下	2回以下	17cm以下	16点以下	7回以下	13.3秒以上	84cm以下	3m以下

表3　中学校得点（項目別得点表により、記録を採点する。）

男　子

得点	握　力	上　体 起こし	長　座 体前屈	反　復 横とび	持久走	20m シャトル ランテスト	50m走	立　ち 幅跳び	ソフトボール 投　げ
10	56kg以上	35回以上	64cm以上	63点以上	4'59以下	125回以上	6.6秒以下	265cm以上	37m以上
9	51～55	33～34	58～63	60～62	5'00～5'16	113～124	6.7～6.8	254～264	34～36
8	47～50	30～32	53～57	56～59	5'17～5'33	102～112	6.9～7.0	242～253	31～33
7	43～46	27～29	49～52	53～55	5'34～5'55	90～101	7.1～7.2	230～241	28～30
6	38～42	25～26	44～48	49～52	5'56～6'22	76～89	7.3～7.5	218～229	25～27
5	33～37	22～24	39～43	45～48	6'23～6'50	63～75	7.6～7.9	203～217	22～24
4	28～32	19～21	33～38	41～44	6'51～7'30	51～62	8.0～8.4	188～202	19～21
3	23～27	16～18	28～32	37～40	7'31～8'19	37～50	8.5～9.0	170～187	16～18
2	18～22	13～15	21～27	30～36	8'20～9'20	26～36	9.1～9.7	150～169	13～15
1	17kg以下	12回以下	20cm以下	29点以下	9'21以上	25回以下	9.8秒以上	149cm以下	12m以下

女　子

得点	握　力	上　体 起こし	長　座 体前屈	反　復 横とび	持久走	20m シャトル ランテスト	50m走	立　ち 幅跳び	ソフトボール 投　げ
10	36kg以上	29回以上	63cm以上	53点以上	3'49以下	88回以上	7.7秒以下	210cm以上	23m以上
9	33～35	26～28	58～62	50～52	3'50～4'02	76～87	7.8～8.0	200～209	20～22
8	30～32	23～25	54～57	48～49	4'03～4'19	64～75	8.1～8.3	190～199	18～19
7	28～29	20～22	50～53	45～47	4'20～4'37	54～63	8.4～8.6	179～189	16～17
6	25～27	18～19	45～49	42～44	4'38～4'56	44～53	8.7～8.9	168～178	14～15
5	23～24	15～17	40～44	39～41	4'57～5'18	35～43	9.0～9.3	157～167	12～13
4	20～22	13～14	35～39	36～38	5'19～5'42	27～34	9.4～9.8	145～156	11
3	17～19	11～12	30～34	32～35	5'43～6'14	21～26	9.9～10.3	132～144	10
2	14～16	8～10	23～29	27～31	6'15～6'57	15～20	10.4～11.2	118～131	8～9
1	13kg以下	7回以下	22cm以下	26点以下	6'58以上	14回以下	11.3秒以上	117cm以下	7m以下

総合評価基準表（各項目の得点を合計し、総合評価をする。）

段階	6歳	7歳	8歳	9歳	10歳	11歳
A	39以上	47以上	53以上	59以上	65以上	71以上
B	33～38	41～46	46～52	52～58	58～64	63～70
C	27～32	34～40	39～45	45～51	50～57	55～62
D	22～26	27～33	32～38	38～44	42～49	46～54
E	21以下	26以下	31以下	37以下	41以下	45以下

段階	12歳	13歳	14歳	15歳	16歳	17歳	18歳	19歳
A	51以上	57以上	60以上	61以上	63以上	65以上	65以上	65以上
B	41～50	47～56	51～59	52～60	53～62	54～64	54～64	54～64
C	32～40	37～46	41～50	41～51	42～52	43～53	43～53	43～53
D	22～31	27～36	31～40	31～40	31～41	31～42	31～42	31～42
E	21以下	26以下	30以下	30以下	30以下	30以下	30以下	30以下

よしと判定するようになっています。そして、測定の結果は集団の中でのおおよその位置がわかるようにもなっています。一般の子供を対象にした体力測定としてみる場合、個人個人の体力をこのようにあつかってよいのでしょうか。これでは、テストそのものがチャンピオン・スポーツを目指す人を発見するためにできているようにもみえます。

体力を、健全な発育と発達の立場や健康保持の面から考えた時、はたして体力は高ければ高いほどよいものだろうかと思うのです。

体力というのは、あるレベルをこえていればよいのではないでしょうか。必要な体力の程度は年齢やその他の条件で変化するので、その時に最低限必要な体力があればよいと考えてはどうでしょう。そして、体力測定も最低限必要な体力をこえているかどうかを判定するという考えではどうでしょうか。

必要以上に細かい値を出して、集団の中で順位をつけたりすることは、必要ないのではないでしょうか。最近は、国民全員がスポーツを楽しめるようにと考えられ、その条件がしだいに整備されつつあります。そのために、個人としては「最低限の体力」を土台として、その上に「労働体力」とか「スポーツを楽しめる体力」をつくるという考えではどうでしょう。そうすると、「最低限の体力」とは人間として生きるために必要な体力であると考えられるので、これはみんなが共通して備えなければならない体力となります。

だから、この「最低限の体力」が不足している人は、それを補うためのリハビリテーションが必要となります。「スポーツを楽しめる体力」はそのスポーツが持っている特性によって、多少の偏りがあるので、これは全員一律の体力でなくてかまいません。テニスをする人とラグビーをする人とでは必要な体力が違ってくることは、みなさんもわかると思います。

テニスをすると、膝や肘を痛めることがよくあるので、テニスを始める前に腕の筋力（特に伸びる筋）、そしてきき手と反対の手のトレーニングが必要です。膝もまた同じです。

スポーツをするためには、「最低限の体力」だけでは不足なわけですから、「最低限の体力」の上に、そのスポーツで必要な体力を補強するという考え方です。ですから、人によって必要な体力の質や量が違ってきます。

それでは、「体力が高ければ高いほどよい」というのはどのような場合でしょう。それは、チャンピオンを目指すスポーツマンの場合です。自己記録の更新から始まるチャンピオン・スポーツは、まず体力の増強から始まります。自ら繰り返し加えるストレスとその解緊によって、体力はしだいに向上します。

このように、体力は、「最低限の体力」と「スポーツを楽しめる体力」と「高ければ高いほどよい体力」の三つに分けることができます。

「最低限の体力」は国民だれしもに必要な体力であり、生きる基盤になる体力であると考えられます。学校の体育の授業では、「体力」といえば、まずこの「最低限の体力」のことが問題にされなくてはなりません。この段階で、全力を発揮する体力は調べなくてもよいのです。したがって、体力測定は「最低限の体力しらべ」とよんだ方が適当ではないでしょうか。

この「最低限の体力」は体育の授業でしっかりおさえて、次に、健康の基盤をつくる「スポーツを楽しめる体力」を築いていくのです。学校の体育の授業では、代表的なスポーツについてそのスポーツに必要な身体機能のレベルはどの程度かを学習することが大切になります。それによって、そのスポーツが持つ運動機能と並行して、そのスポーツ特有の身体機能を「最低限の体力」の上に積み重ねる体力づくりを実施して、「スポーツを楽しめる体力」の測定をするようにしなければいけないことがわかります。そうでなければ、楽しむスポーツのはずが、かえって身体機能の低下を引き起こし、治療を要するようになりかねません。

人類として目指す「高ければ高いほどよい体力」は、人類の存続にとって必要です。遺伝子により受け継いだ身体機能を極限まで働かせ、新しい能力を開発することは、人類の発展にとって重要なことです。だから、そのための体力づくりのトレーニングの開発がされていかなければなりません。

さて、体力を従来のように、単に「高ければ高いほどよい」と考えずに、生きる基盤となる「最低限の体力」と健康の基盤となる「スポーツを楽しめる体力」と、そして人類の存続にかかわる「高ければ高いほどよい体力」の三つに分けて考えてみました。そして、そのいずれをとっても、他者と比較するために、点数化したり、体力年齢化したり、階級化したりする必要はなく、自己の変化のみに注目すればよいのです。

そして、測定の実施前には、ストレッチング、軽い柔軟体操、軽い有酸素的運動を行い、筋肉のけいれんや痛みを感じないように準備するのです。測定と名がつけば何がなんでも最大に力を出す傾向があまりにも強いので、注意しすぎるにこしたことはありません。

チャンピオン・スポーツを目指すスポーツマン用の体力測定には、たまに全力を出すオール・アウト・テスト（最大負荷《ふか》試験）も実施してかまいませんが、普段は全力の七〇パーセントぐらいを出すサブ・マキシマム・ワーク・テスト（最大下負荷試験）でよいのです。「スポーツを楽しめる体力」の測定、「最低限の体力」の測定では、通常の力を出すことです。通常の力をみる試験とは、今すぐに出せる力をみる測定であり、日頃の能力をみる測定でよいということになります。

最後に資料として、「最低限の体力をみる指標」の例として、握力をとり上げて表４に示しておきます。

表４　ミニマム握力値（性別・年齢別）

（単位：kg）

年　齢	男　子	女　子
8	11	10
9	13	11
10	14	12
11	15	14
12	17	16
13	22	19
14	26	21
15	30	22
16	33	23
17	35	23
18	36	23
19	36	24
20－24	37	24
25－29	37	24
30－34	37	24
35－39	36	24
40－44	35	23
45－49	35	22
50－54	34	21
55－59	34	19
60－64	32	18
65－	30	17

この数値は高年齢の部分が六〇パーセントの正確さです。他は参考になると思います。「スポーツを楽しめる体力」は、この数値の一〇パーセント増で考えておけばよいと思います。

みなさんも、自分の体力はどんなものでよいか、考えてみてください。

参考文献

橋本名正「学校における体力テストの方向性」『高知大学教育実践研究』創刊号二二一～二三三ページ、一九八六・七。

Ⅳ 総合

36

運動（スポーツも含めて）が好きになる一〇のポイント

――運動するにもトータルな知識を――

1　運動の効果を知りましょう

これからの時代は肉体的な力の要求のかわりに、精神的、神経的に強いストレスがかかることがより多くなり、今以上に生活に悪影響を与えることが予想されます。ほとんどの生き物にとって、からだの運動は欠くことのできない重要な意味を持っているのです。

こんな例があります。心臓には、心臓自体の活動に必要な栄養を与える冠状動脈《かんじょうどうみゃく》とよばれている血管があります。この血管がつまって血液が流れなくなったり、血液の流れが少なくなったりすると、心臓の発作が起こり、死ぬこともあります。このような病気で心臓の手術を受けた人でも、手術後には安静にしているだけでなく運動を開始する方がよいといわれているのです。というのは、血管をつまらせる原因をつくるものに「コレステロール」があります。これ

には悪い働きをするコレステロールの他に、善玉のコレステロールもあるのです。運動をすれば、善玉のコレステロールが増加してきます。その善玉のコレステロールが、血管の壁にへばりついて血液の流れをつまらせている悪玉のコレステロールをはぎとる役目をはたしているのです。だから適切な運動は、人間のからだを健康にさせるというわけです。また、長い期間ジョギングをやっている人の冠状動脈の血管の直径は、普通の人よりずっと大きくなっているという報告もあります。二一世紀を生きていくみなさんをとりまく環境は、健康という面から考えれば好ましい条件ばかりではなく、むしろ健康にとって有害な条件が予想されるので、自らが健康を獲得する努力をすることが大切です。

2　からだの法則を知っておきましょう

人間のからだはすばらしい適応能力をそなえているので、適度に使えばよい方向に適応していきますが、使わなければ衰える方向に適応するものです。（衰えることを退行現象ともいいます。）

たとえば、骨折して入院し、長期安静の状態が続くと、そのあとでは、起き上がると頭がくらくらして歩けなかったりします。

これは、バランスをとる脳・神経系の機能が低下したり、血液の循環機能を調整している自律神経の能力が低下したりするために起こるようです。集会の時に倒れる人がいたり、急に立ち上がると目めいがしたりする人がいますが、それらの人もこの機能が低下しているのです。つまり、からだがマイナスの方に適応してしまおうとしているわけです。

このように、人のからだはプラスの方向にも、マイナスの方向にも適応する性質があるので、マイナスの方向への適応を防止し、プラスの方向に適応させる工夫や努力がいります。

幸い、正しい運動をすればプラスの方向に適応力を伸ばせることが明らかになっているので、運動とからだのかかわりを理解することが大切です。そして、すぐれた健康づくりをするために、運動やスポーツを取り入れる生活設計とその実践に励んでください。

3　運動の原理を知りましょう

運動をする時に、運動の種目は違っていても、動かしているからだの部位が共通しているものがあります。これは、それぞれの種目の技術内容が、バラバラでなく基本的には共通していることを示しています。運動の技術練習の時には腰の使い方がよく重要視されます。これは、腰が運動のパワーを生み出すもとになっているからです。腰の位置を上げると高くとび上がったり、速く走ったりすることができるし、腰を落とすと重量感のある安定した姿勢を保つことができ、さらに次の運動への力をためることもできます。また、腰を半身にかまえて回転させることによって、物を投げたり、打ったり、叩いたりするきっかけをつくることができます。このように腰の使い方が種目をこえて共通していることを、指導者や生徒のみなさんがよく理解することが望ましいと思います。

そうなればテニスでラケットの振り方を学習することが、他の種目の技術練習にも通じることがわかるので、技術に対する視野が広がると思います。技術練習は種目ごとにやっているので、この練習はここだけのものと思いがちです。だからこのような考えや、みる目を持って、各運動の練習をすれば、意外と技術の習得がしやすいと思いますし、他の種目に通じる練習方法も開発できると思います。

4　スポーツをする目標を持ちましょう

運動が好きになるためには、自分なりの目標を持つことが大切です。それは、他人にいう必要はなく、最も自分にふさわしい目標を決めればよいのです。しかし、その目標を自分には明確にしておく必要があります。その目標に近づくためには、どんな内容の練習を、どんな方法で行うかなどの計画を立てることが大切です。

目標とする内容は、いろいろあると思いますが、次にいくつかの例をあげてみましょう。

①　スポーツをして自分のからだをより健康にしたい。
②　サッカーをしてオリンピックに出たい。
③　バスケットボールをして多くの人を知り、たくさんの仲間に出会いたい。
④　陸上競技をして大学や実業団の選手として活躍したい。
⑤　将来、体育の指導者になりたい。
⑥　運動を科学的に研究して、世の中に役立ちたい。
⑦　思春期はからだのもとができる時なので、スポーツをしてよいからだをつくりたい。

これ以外にも、自分に合った目標をつくることができると思いますので、自分の将来のためにいろいろと考えてみましょう。

5　練習計画を立てましょう

何ごとも効果を上げるためには、見通しを持つことが大切です。運動の練習の場合でもそれは同じです。計画を立てて、それを実践し、実践結果の評価にもとづいた反省をし、計画の修正をし、また実践、という過程を繰り返すのが普通だと思います。

次に練習計画を立てるために、参考になりそうなポイントを紹介したいと思います。

成長の盛んな時期にさしかかっている人や、その最中にある人達は、大人を小型にしたものではないので、大人のような練習は控えねばなりません。年少でまだ筋力が未発達の少年には、神経系統を発達させる内容の練習を多くし、神経系統の発達が終わったあとは循環器系、次は筋力や全身持久力を強化する練習を増やしてほしいと思います。

練習の内容は、簡単なものから複雑なものへ、弱い・軽いものから強い・きついものへ、そして、静的なものから動的なものへと移っていきます。最後には総合的なものになり、強さや速さを伴った複雑なものができるようにしていきます。そして、練習だけでなく、ゲームや試合を経験し、練習にもどるということも大事なことです。いずれにしても計画の内容をよく理解して、目的意識をはっきりさせて練習に望むことです。それが自分の励みにもなるし、結果的には練習の効果が上がることにもなります。

6　スポーツと自分の特性をつかみましょう

たとえば、あなたがバスケットボールをするとした場合のことを考えてみましょう。あなたの身長は一六〇センチメートルで、走るのが遅いとします。バスケットボールの特性は、相手の防御をかわして、速く相手のゴールにシュートを決めることです。このシュートは、三・〇五メートルの高さにあるリングにするので、背が高くて、足の速い人が有利になります。そうすると、あなたは不利な立場になります。けれど、バスケットボールの内容を考えてみると、相手が五人いるので、いくらすばらしい人がいても、一人で五人を相手にはできません。速く攻めるために速攻用のパスを味方の有利なところへ出してくれる人、背の高い人を活かすためにリング下にパスを出す人等、自分のチームに貢献できる場面がたくさんあり、背が低くても、足が遅くても、その他の自分の長所を伸ばしてチームに役立つ方法はたくさんあります。自分を活かして、仲間も活かすことを積極的に考えることです。

そんな努力の中から、自分にふさわしい技術の内容をみつけて練習をしていけば、そのスポーツのおもしろさがよくわかり、自信もついてくるものです。自分の欠点をなげくより、その欠点を活かすことの工夫の方が、どれほど自分を勇気づけるかを、知っていることも大切なことです。

7　すぐれた選手のゲームや演技に接しましょう

運動やスポーツを好きになるためには、その道で成功している人の姿に接することです。そうすれば、選手の動きを通して、その運動の様子がよくわかるし、なんとなく自分もできそうな気分にもなってきます。最近は地方にいても一流選手の演技をみることのできる機会も多くなりつつありますが、まだまだ都会に比べれば不利といえるでしょう。

しかし、視聴覚の機器が各々の学校や家庭に普及したので、間接的には、一流選手のゲームの様子や公開演技の状況を、テレビの実況放送やビデオの録画を通して学習することができるようになったので、これを大いに利用すべきだと思います。

日本の柔道界で無敵であった田村（現姓 谷）選手が、シドニーのオリンピック（二〇〇〇年）で金メダルをとった決勝戦。あの気迫と俊敏な動きを伴った技には、神秘的なものさえ感じたものです。日本と韓国が共同で開催したサッカーのワールドカップで決勝に残ったチームのどの試合も、個人技にたよる試合運びからシステムプレーへの転換を印象づけました。このようにすぐれた選手やチームの動きの中では、その動きに必要なすべての要素がうまくまとまって演じられるため、みている人に感動を与えます。感動といえば、アテネオリンピック（二〇〇四年）での日本の選手達のすばらしい活躍は、多くの人達に夢と希望を与えたことでしょう。

8　自分がやろうとするスポーツのルールを知りましょう

それぞれのスポーツには、それらが発展してきた歴史があります。その歴史を、ある意味で表現しているのがそのスポーツのルールなのです。だから、ルールを勉強することは、そのスポーツが持っている特性を理解することになるわけで、そのスポーツにより親しみを抱くことができます。技術面に関しては、ルールと密接な関係があるので、どんな技術を習得することが必要なのか、ルールの勉強を通して、その内容を学習することができます。

したがって、ルールの学習によって、そのスポーツの生い立ちや、そのスポーツの技術、運営方法等だけでなく、もっともっと重要な意味を理解することができるのです。

ここではバスケットボール誕生の一部を紹介しましょう。バスケットボールの考案者ジェームス・ネイスミス博士は、冬季の室内競技で若者の欲求を満足させるものを追求していました。ある日既成のボールゲームを室内でやったところ施設をひどく破損させたので、プレイのし方をコントロールできる方法の必要なことがわかりました。そこでゴールを高くすることにし、桃の籠を床から一〇フィート(三・〇五メートル)の高さにつるし、他に一三項目のルールをつくって室内ゲームの実験をしました。時に一八九一年の一二月。結果は大成功でした。この時、考案者は一〇〇年以上あとの今日の籠球《ろうきゅう》(バスケットボール)の普及ぶりを予想できたかな。

9　事実から勉強しましょう

発展や成果を期待するためには、事実を大切にすることが必要だと思います。事実は冷酷な面を持っているので、思いやりや相手の気持ちなどは無視してそのものズバリを提示しますから、当事者にとっては不安でもあるし、いやなものでもあるのです。しかし、それだからこそ逆に大切な資料となるので、その事実を受けとめて、次の練習の足掛かりにすることは意味のあることです。

そこで、事実の資料を得るために、なんらかの方法で練習やゲームの資料を収集する必要があります。面倒なことですが継続して資料を収集する手段を工夫しなければなりません。最初は簡単なものでよいのです。その簡単なものを継続することです。たとえば、バスケットボールのシュート力をみる場合、リング下で三〇秒間シュートを繰り返し、何回シュートができて、そのうち何回成功したかを継続して測定するだけでも、これが積み重なると、意外な事実も発見できるし、単なるカンだけで判断してやっていることの誤りに気づかせてくれます。資料によってはからだの調子と運動成果の関係がわかったりして、コンディションづくりに役立つ場合もあります。以上のようなことから、事実を勉強することはその運動をより理解したり、好きになるために役立つと思います。

10　運動によるケガの応急処置を知りましょう

運動やスポーツにはケガはつきものです。万一ケガが発生した時の応急処置で、一般的なことを説明します。

①　ケガをした時の状態をよく調べます。ケガをした部位を正確に把握し、ケガの程度を判断します。

②　ケガをしたということは、筋肉や血管、その他の部位に損傷が起こったということです。したがって、それ以上の悪化を防止するために安静にするように気をくばることが必要です。

③　整形外科の応急処置には、(a)冷温、(b)圧迫、(c)心臓よりも患部を高くする処置をする、などがあります。(a)冷やすための氷等を常備することはむずかしいので、冷やせる薬品やスプレーを準備しておけばよいでしょう。(b)圧迫は包帯等で患部をおさえつけます。(c)心臓よりも患部を高くするということは、血液の流出を防ぐことになるわけで、足にケガをして寝かせている場合であれば、足首の下に台をおいて高くすればよいでしょう。

④　応急処置はあくまでもその場での処置なので、ケガの程度によっては早く専門医に診断してもらうようにすることです。

⑤　ケガ後の処置も大切なことです。軽症のうちに充分に治療することが、大ケガの最大の予防法です。

参考文献

トレーニング科学研究会編『トレーニング科学ハンドブック』朝倉書店、一九九六。

鈴木隆雄『日本人のからだ――健康・身体データ集――』朝倉書店、一九九六。

ミケーリ、中嶋寛之監訳『ザ・スポーツ・メディシン・バイブル――スポーツ損傷の予防、治療、リハビリテーションのための最新のテクニック――』ナップ、一九九七。

加賀谷淳子編著『女性とスポーツ』朝倉書店、一九九八。

サイデル、山崎元監訳『エクササイズと食事の最新知識――疾病予防・健康増進への戦略――』ナップ、一九九九。

トレーニング科学研究会編『加齢とトレーニング』朝倉書店、一九九九。

マーク・ハリス他、宮永豊・川久保清監訳『ABC OF SPORTS MEDICINE』ナップ、二〇〇一。

平野裕一・加賀谷淳子編集『トレーニングによるからだの適応――スポーツ生理学トピックス――』杏林書院、二〇〇二。

福永哲夫編著『筋の科学事典――構造・機能・運動――』朝倉書店、二〇〇二。

芳賀脩光・大野秀樹編著『トレーニング生理学』杏林書院、二〇〇三。

著者紹介

橋本名正

昭和９年生。高知大学教育学部卒。
高知学芸高校教諭，高知大学教育学部附属中学校副校長，高知女子大学教授を経て，現在，高知女子大学非常勤講師。高知女子大学名誉教授。
著書：『これだけは知っておきたい体育指導の禁句と手立て』『運動の好き嫌いをなくす指導』等。
現住所：〒780-8073　高知市朝倉本町2-15-10

舟橋明男

昭和13年生。広島大学教育学部卒。
滋賀県立膳所高校教諭，徳島大学医学部第一生理専攻生，高知学園短期大学教授，高知大学教授を経て，現在，九州産業大学教授。第57回日本体力医学会大会長。医学博士。高知県体協スポーツ科学委員会委員長。高知大学名誉教授。高知学園理事。
著書：『これで防げるスポーツ障害』『知っているときっと役に立つスポーツ指導の名言』『発達運動生理学』『体力の診断と評価』等。
現住所：〒780-0952　高知市塚ノ原128-50

改訂版《かいていばん》・知《し》っているときっと役《やく》に立《た》つ
体育《たいいく》の話《はなし》 36

2004年11月10日　初版発行

著　者　橋《はし》　本《もと》　名《もり》　正《さだ》
　　　　舟《ふな》　橋《はし》　明《あき》　男《お》
発行者　武　馬　久　仁　裕
印　刷
製　本　株式会社チューエツ

発　行　所　株式会社　黎《れい》　明《めい》　書《しょ》　房《ぼう》

〒460-0002 名古屋市中区丸の内3-6-27 EBSビル　☎052-962-3045
FAX052-951-9065　振替・00880-1-59001
〒101-0051 東京連絡所・千代田区神田神保町1-32-2 南部ビル302号
☎03-3268-3470

落丁本・乱丁本はお取替します　ISBN 4-654-01741-0